变革中的英国工党

理念、组织与运动

吴韵曦◎著

当代世界出版社
THE CONTEMPORARY WORLD PRESS

国家社会科学基金一般项目
“当代欧洲左翼政党对资本主义的批判研究”（21BKS069）
和北京高校中国特色社会主义理论研究协同创新中心
（中国政法大学）阶段性成果

目 录

Contents

第一章　世界政党视域下的英国工党

一、政党、社会民主党和英国工党

政党作为时代发展和社会变迁的产物，已成为绝大多数国家政治舞台不可或缺的组成部分。政党包含政纲、人员、机构、机制、活动等基本要素，具有利益整合、利益表达、政策制定、政府组建、政治动员、政治社会化等重要功能，在国家政治生活中发挥着重要作用，是推动政治发展的重要力量。

政党的定义可谓众说纷纭。从选举政治的角度来分析政党是西方政治学的常用路径。例如，政党“是由在选举中提出的正式标识来辨明身份的、能够通过选举(自由的或不自由的)提名候选人占据公共职位的政治集团”①。“政党是由这样一些人组成的一个团队，他们谋求通过在按期举行的选举中取得官职来控制国家机器。”②“政党是其成员打算一致行动以便在竞选斗争中取得政权的团体。”③政党是“在一个特定标签下寻求竞选性政治职位的群体”④。“政党是为了通过选举或其他途径来赢得政府权力而组织起来的一群人……旨在

---

① 乔万尼·萨托利著，王明进译:《政党与政党体制》，北京：商务印书馆，2006年版，第95页。

② 安东尼·唐斯著，姚洋等译:《民主的经济理论》，上海：上海人民出版社，2017年版，第24页。

③ 约瑟夫·熊彼特著，吴良健译:《资本主义、社会主义与民主》，北京：商务印书馆，2009年版，第413页。

④ 迈克尔·罗斯金著，林震等译:《政治科学》，北京：中国人民大学出版社，2014年版，第194页。

通过赢得公职来实施政府权力。”[①]

马克思主义政治学深刻揭示了政党形成和发展的一般规律，阐明了政党的历史性和阶级性。《共产党宣言》开宗明义指出：“共产党人的最近目的是和其他一切无产阶级政党的最近目的一样的：使无产阶级成为阶级，推翻资产阶级的统治，由无产阶级夺取政权。”[②] 马克思在《国际工人协会共同章程》中指出：“无产阶级在反对有产阶级联合力量的斗争中，只有把自身组织成为与有产阶级建立的一切旧政党不同的、相对立的政党，才能作为一个阶级来行动。为保证社会革命获得胜利和实现革命的最高目标——消灭阶级，无产阶级这样组织成为政党是必要的。”[③] 恩格斯认为：“无产阶级要在决定关头强大到足以取得胜利，就必须（马克思和我从 1847 年以来就坚持这种立场）组成一个不同于其他所有政党并与它们对立的特殊政党，一个自觉的阶级政党。”[④] 列宁也指出：“阶级是由政党来领导的；政党通常是由最有威信、最有影响、最有经验、被选出担任最重要职务而称为领袖的人们所组成的比较稳定的集团来主持的。”[⑤]“党是阶级的先进觉悟阶层，是阶级的先锋队。”[⑥]《中国大百科全书·政治学》认为，政党是“代表一定阶级、阶层或集团的利益，旨在执掌或参与国家政权以实现其政纲的政治组织”[⑦]。

① 安德鲁·海伍德著，吴勇译：《政治学核心概念》，天津：天津人民出版社，2008 年版，第 270 页。

② 中共中央马克思恩格斯列宁斯大林著作编译局编：《马克思恩格斯文集》（第二卷），北京：人民出版社，2009 年版，第 44 页。

③ 中共中央马克思恩格斯列宁斯大林著作编译局编：《马克思恩格斯文集》（第三卷），北京：人民出版社，2009 年版，第 228 页。

④ 中共中央马克思恩格斯列宁斯大林著作编译局编：《马克思恩格斯文集》（第十卷），北京：人民出版社，2009 年版，第 578 页。

⑤ 中共中央马克思恩格斯列宁斯大林著作编译局译：《列宁全集》（第三十九卷），北京：人民出版社，1986 年版，第 21 页。

⑥ 中共中央马克思恩格斯列宁斯大林著作编译局译：《列宁全集》（第二十四卷），北京：人民出版社，1990 年版，第 38 页。

⑦ 中国大百科全书总编辑委员会编：《中国大百科全书·政治学》，北京：中国大百科全书出版社，1992 年版，第 470 页。

全世界的政党数量庞大、类型庞杂，意识形态、社会基础和政治地位各有不同，经常处于变动之中。从组织形态来看，精英党、大众党、全方位政党、卡特尔政党和利基政党均是政党类型学研究的经典概括。从活动范围来看，全国性政党、地区性政党、行业性政党反映出政党的规模差异。从意识形态来看，自由党、保守党、社会民主党、共产党、宗教党、农民党、绿党、民族主义政党、民粹主义政党是各国政坛的常见政党。其中，按照政治光谱的位置来区分左翼政党和右翼政党的做法流传已久，影响甚广。

政治光谱中的左和右作为政治概念源自法国大革命时期议会的入座习惯。主张维持君主制的保皇派集中坐在右侧座位，而主张废除君主制的革命派集中坐在左侧座位，逐渐形成右翼或右派代表保守、左翼或左派代表变革的说法。这种形象生动和简洁明了的表述反映了重大变革时期欧洲社会不同利益群体的分化和冲突，逐渐流传并沿袭至今，成为描述人物、组织和思潮政治立场的常用话语。实际上，左和右的划分是相对的，离不开具体的语境和参照系。例如，诺伯托·博比奥（Norberto Bobbio）把平等视为左右翼的划分标准。在他看来，左翼认为不平等违背人性，是在社会中产生的、能够通过国家行动根除的现象，而右翼认为不平等是天生的并将长期存在。①

在不同的历史时期，左翼和右翼拥有不同的内涵。相对而言，左翼更加不满于现实社会，比较积极地倡导社会变革来实现社会平等，主张政府干预，强调社会公正，倾向于维护社会中下层的利益。右翼政党更加倾向于维持传统社会秩序，推动社会变革的热情偏低，主张私有制和自由市场，强调经济效率，崇尚个人自由，主要代表有产者的利益。尽管左右翼缺乏统一和严谨的定义，其划分标准和表述方式也存在一定的局限性，但至今仍是理解和研究政党政治的常用视角。

社会民主党是欧洲政坛的传统政党和左翼阵营的主流政党，拥有悠久的历史和广泛的影响。欧洲社会民主党源于19世纪中后期工人运动和社会主

---

① 卢克·马奇著，于海青、王静译:《欧洲激进左翼政党》，北京：社会科学文献出版社，2014年版，第17页。

义运动的兴起，富有阶级政治和社会运动的特点。社会民主党和工会分别作为工人的政治代表和经济代表，三者之间曾有天然和紧密的联系。德国社会民主党是欧洲成立最早的社会民主党，前身是由1863年成立的全德工人联合会和1869年成立的社会民主工人党合并而成的德国社会主义工人党。

19世纪中后期到第二次世界大战爆发是社会民主党的孕育形成期，它们在欧洲各国相继成立，并融入本国政治制度，经历了两次世界大战时期的曲折波动。二战结束到20世纪70年代中期是社会民主党的黄金发展期，它们相继恢复正常活动，纷纷获得执政和参政机会，逐步成为欧洲国内政坛的主流政党。20世纪70年代末到21世纪初是社会民主党的深度调整期，各国社会民主党开启政治理念、身份定位和组织体系的现代转型。2008年国际金融危机以来，欧洲社会民主党进入重新分化阶段，一部分社会民主党依然维持主流政党的政治地位，一部分社会民主党则面临着边缘化和泡沫化的政治风险。

英国是现代政党和政党政治的重要发源地，其政党制度、政党类型、政党活动和政党变革在世界近现代史上产生了广泛而深远的影响。17世纪的托利党和辉格党便是世界政党的早期代表。前者是"旧式贵族的党"，后者"以商人和工厂主为其核心，它的大部分人构成所谓中间等级。这个中间等级——凡是绅士，即有相当收入但不特别富足的人都属于这个等级——之所以称为中间等级，只是同富有的贵族和资本家相比较而言；相对于工人来说，他们的地位都是贵族"。①

1837年，伦敦工人协会向议会提交请愿书，提出21岁以上男子拥有普选权、选区划分人口数量相同、采取秘密投票、取消候选人财产限制等要求。这份请愿书又名《人民宪章》，运动参与者被称为"宪章派"。轰轰烈烈的宪章运动先后经历了三次高潮，数百万人参加，标志着英国工人阶级第一次作为独立力量登上政治舞台，被列宁称作"世界上第一次广泛的、真正群众性的、

① 中共中央马克思恩格斯列宁斯大林著作编译局译：《马克思恩格斯全集》（第三卷），北京：人民出版社，2002年版，第413页。

政治上已经成型的无产阶级革命运动”[①]。

第二次工业革命推动了城市化和工业化急剧发展，大批劳动力加入产业工人的队伍，新型工会组织在英国大量出现。19 世纪中后期，伴随着英国社会的持续分化，工人运动的规模化和组织化程度不断提高。恩格斯在《关于共产主义者同盟的历史》中指出："我在曼彻斯特时异常清晰地观察到，迄今为止在历史著作中根本不起作用或者只起极小作用的经济事实，至少在现代世界中是一个决定性的历史力量；这些经济事实形成了产生现代阶级对立的基础；这些阶级对立，在它们因大工业而得到充分发展的国家里，因而特别是在英国，又是政党形成的基础，党派斗争的基础，因而也是全部政治史的基础。"[②]

面对政府的限制和雇主的压力，工会组织和工人阶级寻求议会政治代表的意愿逐渐增强。1867 年，伦敦工人协会开始推举候选人参加议会选举。英国职工大会（Trades Union Congress）作为英国全国性工会组织，于 1868 年举行首次大会，通过了关于促进工会联合、在议会涉及工人阶级利益的议题上采取行动的决议。[③]1871 年，职工大会设立了议会委员会，其主要职能是开展游说推动议会通过有利于工会的法案。1874 年大选，职工大会推动两名候选人成功竞选成为劳工议员。工会的政治影响有限，需要借助成熟政党才能在议会中推动有利于工人的政策和法案，自由党也要争取工人选票和劳工议员的支持，两者结成"自由 – 劳工同盟"（Liberal–Labour）。"差不多有四分之一世纪，英国工人阶级好像是甘愿充当'伟大的自由党'的尾巴。"[④]

1881 年，亨利 · 海德门（Henry Hyndman）领导成立了民主同盟（Dem-

① 中共中央马克思恩格斯列宁斯大林著作编译局译：《列宁全集》（第三十六卷），北京：人民出版社，1985 年版，第 292 页。

② 中共中央马克思恩格斯列宁斯大林著作编译局编：《马克思恩格斯文集》（第四卷），北京：人民出版社，2009 年版，第 232 页。

③ Trades Union Congress，"Our history"，https://www.tuc.org.uk/about-the-tuc/our-history.

④ 中共中央马克思恩格斯列宁斯大林著作编译局译：《马克思恩格斯全集》（第二十五卷），北京：人民出版社，2001 年版，第 520 页。

ocratic Federation)。[①]1884 年，以知识分子为主的社会主义团体费边社成立。同年，英国议会通过的《人民代表法》规定，把 1867 年曾授予自治市的公民权扩大到郡的工人（房客及其家庭），尤其是农业工人。1893 年，一些地方性工人组织联合召开了代表大会，成立了独立工党（Independent Labour Party），领导人为苏格兰工会领导人基尔·哈第（Keir Hardie）。独立工党的名称"既表明它源出于并将继续植根于各地工会组织和其他工人团体，又表明它自始就独立于自由党和保守党"[②]。独立工党派出 28 名候选人参加 1895 年大选却没有赢得议席，哈第争取议员连任失败。1898 年，独立工党和社会民主同盟一起赢得西汉姆的地方选举，使哈第进一步意识到联合左翼团体参加议会选举的重要性。

随着工人运动的发展和工会力量的壮大，同自由党合作参与选举政治和议会活动已经无法满足工会的诉求。"在各行业联合会之外或在它们之上，一定会产生一个总的联合会，一个整个工人阶级的政治组织。"[③] 在职工大会的推动下，工会联合总会（The General Federation of Trade Unions）和劳工代表委员会相继成立于 1899 年和 1900 年。前者旨在设立罢工基金支持附属工会的经济斗争，后者作为自由派和保守派两大阵营之外的新兴政治力量，其成立宗旨便是"在英国议会中代表工人阶级"[④]。"工人阶级不再仅仅以政治压力集团的形式出现，而是以政党的形式登上上层政治舞台，成为政治权力的

---

① 1884 年 8 月，民主同盟改组为社会民主同盟（Social Democratic Federation），主要成员为知识分子中的社会主义者。1884 年 10 月，同盟通过的纲领宣称解放劳工，创立人人平等的自由社会。1884 年 12 月，以艾威琳夫妇为代表的左翼成员不满海德门的路线，退出了该组织，成立了社会主义同盟。1901 年，社会民主同盟退出了劳工代表委员会。1907 年，社会民主同盟改组为社会民主党。1911 年，它与独立工党的左派联合建立主张马克思主义的英国社会党（British Socialist Party）。

② 阎照祥:《英国政党政治史》，北京：中国社会科学出版社，1993 年版，第 316 页。

③ 中共中央马克思恩格斯列宁斯大林著作编译局译:《马克思恩格斯全集》（第二十五卷），北京：人民出版社，2001 年版，第 501 页。

④ The Labour Party，"Labour's Legacy"，https://labour.org.uk/about/labours-legacy/.

合法争取者之一。”[①] 在资本主义迅猛发展和社会结构急剧变迁的背景下，工党作为自由派和保守派两大阵营之外的新兴政治力量登上历史舞台。

1900 年，来自工会和社会主义团体的 129 名代表在伦敦召开会议，宣告成立劳工代表委员会（Labour Representation Committee），由拉姆齐·麦克唐纳（Ramsay MacDonald）出任书记。同年大选，劳工代表委员会 15 名候选人只有 2 人成功当选议员，分别为矿工出身的哈第和铁路工人出身的理查德·贝尔（Richard Bell）。纺织工人戴维·沙克尔顿（David Shackleton）、制模工人阿瑟·韩德森（Arthur Henderson）、制桶工人威尔·克鲁克斯（Will Crooks）在随后的补选中胜出。1903 年，劳工代表委员会同自由党达成了选举合作协议，约定彼此不在对方的优势选区派出议员候选人。

1906 年大选后，劳工代表委员会拥有了 29 名议员的议会党团，进而正式更名为工党，显示出工人政党的浓厚色彩，迈出了政党规范化的重要步伐。与德国社会民主党从社会运动的领导者逐渐转向选举政治的参与者不同，英国工党成立初期就活动在议会民主和选举政治的制度框架之内，其基本政治活动是动员政治力量和组织参加竞选，主要政治目标在于赢得执政机会和实施政治主张。随着议席数量的增加和议会党团的建立，由哈第出任工党议会党团主席和实际上的党魁。

幼年时期的工党并不引人关注，而第一次世界大战成为工党发展的重要转折点。围绕是否支持英国参加第一次世界大战，工党内部出现了激烈的争论。反对战争的麦克唐纳辞去工党议会党团领导人的职务，韩德森成为工党议会党团主席。工党参加了自由党领导的联合政府，获得了直接参与国家管理的机会。韩德森出任教育大臣，是首位进入英国政府内阁的工党成员。1918 年，议会通过了《人民代表法》，更多的成年男性获得了选举权，年满 30 岁且拥有财产权的女性也拥有了选举权，使英国选民数量从 800 万大幅增至 2100 万。积极推动工人运动和妇女运动的工党获益于选举改革，陷于内忧外患的自由党则开始衰落。

---

① 沈汉等：《英国议会政治史》，南京：南京大学出版社，1991 年版，第 374 页。

1922 年大选，工党获得 29.7% 的选票和 142 个议席，首次成为议会第二大党和最大的反对党。1923 年大选后，保守党失去了议会绝对多数，而工党在自由党的支持下首次上台执政，由麦克唐纳出任首位工党首相。在执政数月之后，1924 年英国提前举行大选，工党失利，沦为在野党。在 1928 年选举改革后，年满 21 岁的男性和女性均享有选举权，英国选民大幅增加了 700 万。1929 年大选，工党赢得 287 个议席，首次成为议会第一大党，由麦克唐纳组建了第二届工党政府。

1929 年，前所未有的资本主义经济危机蔓延至英国。1931 年 7 月，英国出现了外资撤离和兑换黄金的风潮。围绕解决财政危机的办法，工党内阁产生了重大分歧。8 月 23 日，麦克唐纳提交了政府总辞呈，第二届工党政府宣告垮台。英国国王乔治五世接见三大党领导人之后，委托麦克唐纳联合保守党、自由党组建国民政府（National Government）。麦克唐纳未与工党高层进行商量便同意出任国民政府的首相，引发工党内部的强烈不满。尽管大部分工党党员投票反对，但是议会依然通过了金本位修正案。9 月 28 日，工党全国执行委员会为此举行会议，将麦克唐纳、菲利普・斯诺登（Philip Snowden）[①] 等人开除出党。

1931 年大选，工党遭遇惨败，从 287 席锐减至 52 席。保守党取得大胜，成为新政府的实际执政力量。首相麦克唐纳的施政受到保守党的牵制，奉行了保守党的保护关税、削减行政开支等方针政策。麦克唐纳政府采取了实施土地税法案、降低失业津贴、减少社会福利、向工人合作社团体征税等不利于工人阶级利益的政策，遭到了工党的强烈反对。由于韩德森在大选中失去了议席，年迈的乔治·兰斯伯里（George Lansbury）继任工党领袖。1932 年，独立工党从工党脱离出去。

1935 年，克莱门特・艾德礼（Clement Attlee）当选工党领袖。同年，工党在大选中获得 38% 的选票和 154 个议席。1940 年，工党加入了保守党领

① 斯诺登是第一、二届工党政府的财政大臣，提出过削减 9900 万英镑政府开支的方案，包括 6700 万英镑失业保险金，遭到兰斯伯里、韩德森等工党重要人物的强烈反对。

袖温斯顿·丘吉尔（Winston Churchill）为首相的战时联合政府。由于丘吉尔忙于外交和战争事务，出任副首相的艾德礼获得了主持内政事务的机会。在联合政府中，工党还获得了劳工大臣、军需大臣、海军大臣、经济作战大臣等内阁职务。工党把握住时机，推动了计划生产、征收超额利润、行业统一管理、生活必需品配给等措施，颁布了一系列就业、教育、工业等领域的法案，使战争期间民众的生活获得了基本保障，尤其是下层民众的生活得到了明显改善，从而调动了全体国民支持反法西斯战争的积极性。二战期间，工党的举措颇受好评，形象明显转变，威望稳步提升。

1945 年 7 月，英国举行战后首次大选，工党取得了巨大的成功，获得了 47.7% 的选票和 393 席的绝对多数，首次独立组阁执政。艾德礼政府以凯恩斯主义为指导，推行了以国有化和福利国家为核心的改革方案，被誉为“和平的社会革命”。[①] 在内政方面，工党政府加强国家干预手段，实施充分就业政策，构建了以医疗、养老和失业救济为核心的社会保障体系。政府接管了英格兰银行，在铁路、民航、通信、电力、矿山、钢铁等行业实行国有化。在外交方面，延续联美抗苏的立场，支持建立北约，争取维持大英帝国原有的势力范围。

工党赢得 1950 年大选，优势却大幅度减小。在次年提前举行的大选中，工党以微弱差距输给了保守党，丘吉尔重新出任首相。为期六年的艾德礼政府取得了诸多执政成就，表明工党完全转变为具备独立执政能力的主流政党。当然，从长远的角度来看，“艾德礼的观念完全在议会制度的框架内，满足于在被改革了的资本主义内部混合经济的框架内工作。如果想创造一个真正的社会主义社会，那么这个任务还远在未来”[②]。

1955 年和 1959 年大选，工党的议席数逐渐下滑，维持主要反对党的身份。1963 年，休·盖茨克尔（Hugh Gaitskell）逝世。哈罗德·威尔逊（Harold

① 倪学德：《和平的社会革命 战后初期英国工党艾德礼政府的“民主社会主义”改革研究》，北京：中国社会科学出版社，2005 年版，第 241 页。

② David Dutton，*British Politics Since 1945: The Rise and Fall of Consensus*，Oxford: Basil Blackwell，1991，p.23.

Wilson）继任工党领导人，带领工党取得次年大选的胜利。1966 年大选，工党获得 48% 的选票和 364 个议席，继续执政。在民调领先的情况下，工党遭遇了 1970 年大选失利。1974 年 2 月大选出现了“悬浮议会”的结果，保守党组阁失败，工党和自由党组建了联合政府，威尔逊担任首相。同年 10 月，英国提前大选，工党赢得多数，上台单独执政。1976 年，威尔逊宣布辞职，詹姆斯·卡拉汉（James Callaghan）战胜迈克尔·富特（Michael Foot）当选工党领袖。1979 年大选，工党的议席减少了 50 个，沦为在野党。

这次大选失利后，以托尼·本（Tony Benn）为代表的党内左翼和以丹尼斯·希利（Denis Healey）为代表的党内右翼发生了激烈的争夺，最终左翼阵营的富特当选新任党魁。富特时期的工党出现了明显左转，意识形态成为影响政策主张的主要因素，以扩大公有制为核心内容的“更替性经济战略”（Alternative Economic Strategy）进入工党的政策框架。1981 年，以影子内阁成员雪莉·威廉姆斯（Shirley Williams）、比尔·罗杰斯（Bill Rodgers）、罗伊·詹金斯（Roy Jenkins）和戴维·欧文（David Owen）为代表的党内右翼另组社会民主党（Social Democratic Party）。该党后来和自由党合并为自由民主党。在国内政治氛围普遍右转、撒切尔政府锐意改革的背景下，内忧外患的工党提出了脱离实际的激进纲领，遭遇了 1983 年大选惨败，27.6% 的得票率跌至 1918 年后的最低点。

富特辞任后，尼尔·金诺克（Neil Kinnock）继任工党领袖，开始调整工党的政治理念和政策主张。1987 年大选失利后，工党开启了“政策反省”（Policy Review）运动，深入讨论了公有制地位、政府角色、市场作用、工会行动、福利政策等问题。托尼·本曾经挑战金诺克的党魁地位，但是没有成功。在精心准备和民调领先的情况下，工党依然输掉了 1992 年大选。

接连的失利推动了工党的改革进程，1992 年当选工党领袖的约翰·史密斯（John Smith）在两年的时间内带领工党取得了民调的领先地位。经过金诺克的铺垫和史密斯的过渡，党内“现代派”（Moderniser）代表托尼·布莱尔（Tony Blair）担任领袖后加快了工党现代化的步伐。1997 年大选，工党以 43.2% 的得票率和 419 个议席取得了巨大胜利，结束了长达 18 年的在野状态。

2001 年和 2005 年大选，工党继续获胜，但优势逐渐减小。在 2005 年大选中，工党的议席数从 2001 年大选的 415 个降为 356 个，得票率从 41.2% 降至 35.2%，创下了二战后英国执政党的最低记录。不过，保守党的领导人缺乏魅力，政策主张乏善可陈，在伊拉克问题上也没有与工党拉开距离，从而错失了取而代之的有利时机。2006 年英国地方议会选举，工党遭遇了 20 世纪 60 年代以来的最大惨败，得票率甚至落后于自由民主党。2007 年，布莱尔提前结束任期，财政大臣戈登・布朗（Gordon Brown）继任党魁和首相。

工党遭遇了 2010 年大选的失利，结束了连续执政 13 年的历史。此后，埃德・米利班德（Edward Miliband）[①]、杰里米・科尔宾（Jeremy Corbyn）分别担任了五年党魁，但工党相继输掉了 2015 年、2017 年和 2019 年的大选。在 2019 年大选中，工党仅有 202 个议席，为 1935 年以来的最低值。2020 年，基尔・斯塔默（Keir Starmer）当选工党新一任党魁。

党内左右翼长期并存和相互博弈是工党发展史的基本特点。百年来，左翼和右翼的政治理念、代表人物、组织团体和政治地位是动态变化的。例如，"老左翼"（Old Left）以 20 世纪四五十年代党内左翼领袖安奈林・比万（Aneurin Bevan）为代表，不满于艾德礼政府的温和立场，主张进一步推动国有化和单方面裁军；"新左翼"（New Left）兴起于 20 世纪 70 年代，主张产业改革、贸易保护主义、公有制、更替性经济战略、单方面裁军、退出欧洲共同体和党内民主化；"中派"（Centre）属于调和与平衡党内左右翼的角色，其重要性容易遭到忽视；"老右翼"（Old Right）以 20 世纪五六十年代的安东尼・克罗斯兰（Anthony Crosland）和盖茨克尔为代表，部分成员于 20 世纪 80 年代初退出工党另组社会民主党；"新右翼"（New Right）兴起于 20 世纪 90 年代，以"第三条道路"和"新工党"为标识，对于自由市场和社会不平

① 埃德・米利班德的兄长为戴维・米利班德（David Miliband），曾出任布莱尔、布朗政府内阁大臣。本书关于米利班德的表述若无特别说明，均指埃德・米利班德。

等的接受度高于“老右翼”。[1]从金诺克、史密斯到布莱尔时期，工党开启了现代化进程，党内主要分化为“现代派”和“传统派”（Traditionalists）。进入21世纪后，工党内部的政治理念大致分为强硬左翼（Hard Left）、温和左翼（Soft Left）和右翼，以布莱尔及其支持者为代表的现代派构成了20世纪末21世纪初工党右翼的主体力量。[2]

工党发展史还贯穿着多元同构的独特现象。受历史起源、发展历程和政治制度的影响，工党的内部关系错综复杂，不仅有政党领袖、议会党团、选区工党和普通党员，还有以工会、费边社为代表的附属团体和以智库、压力集团形式存在的非附属团体。上述机构基于变化的环境和变动的制度而相互作用，既有左右翼力量的载体，也有左右翼争取的对象。

此外，面对百年来外部环境的重大变化，工党多次通过适应性变革的形式予以回应，其政坛沉浮和执政实践同样值得关注。本书将从思想、组织和运动的维度来考察百年来尤其是21世纪以来工党的变革路径和发展动向，尝试探讨大变局时代背景下左翼政党的机遇和挑战。

二、民主社会主义和社会民主主义

社会民主党是以社会民主主义为意识形态的中左翼政党，在各国有工党、社会党、社会民主党、社会民主工党、工人社会党等不同名称。在社会主义

① Raymond Plant，et al. *The Struggle for Labour's Soul: Understanding Labour's Political Thought Since 1945*，London: Routledge，2004，pp.2–3.

② 左与右、激进与温和均是相对而言的，如社会民主党相对于极端左翼政党和激进左翼政党而言便是温和左翼政党，社会民主党内部的右翼相对于自由党、保守主义政党等中右翼政党来说又属于左翼立场。此外，尽管有评论或报道把科尔宾称作激进左翼（Radical Left）或者极端左翼（Far Left），但是工党发展史上的激进左翼和极端左翼主要指20世纪70年代末80年代初“战斗派”（Militant Tendency）为代表的党内激进分子，科尔宾更多继承了托尼·本的传统。

发展史中，社会民主主义（Social Democracy）和民主社会主义（Democratic Socialism）的概念经常出现，时常交替使用，内涵不断演变。社会民主主义源自 19 世纪 40 年代的法国和德国，起初含义并不明确，反映了带有社会主义色彩的激进民主派的政治诉求。当时，不少社会革命者被称作社会民主主义者或者社会民主党人。1848 年欧洲革命前后，社会民主主义的概念呈现含义多元化的局面，不同政治派别对于这个概念作出了完全不同的解释，而社会民主党人这个身份也出现了一种多元化的形势，资产阶级民主派、小资产阶级民主派、无产阶级群众组织甚至共产主义者同盟这个革命先锋组织都曾经自称社会民主主义者或者社会民主党人。[①] 例如，在 1849 年法国议会选举中，以赖德律·洛兰为代表的小资产阶级民主共和派与以路易·勃郎为代表的小资产阶级社会主义派合并为法国社会主义民主党，即“新山岳党”。该组织主张建立共和国和争取普选权，实行一些带有社会主义色彩的改革，但不要求改变生产资料私有制，实际上属于小资产阶级改良主义。

马克思写于 1850 年的《1848—1850 年法兰西阶级斗争》曾经使用“民主社会党”的概念。马克思和恩格斯有时自称为社会民主主义者，但是他们把共产主义同社会主义、社会民主主义相区别，更倾向于使用表述更加准确的共产主义。恩格斯写于 1894 年的《〈人民国家报〉国际问题论文集（1871—1875）》的序言指出：“在所有这些文章里，尤其是在后面这篇文章里，我根本不把自己称作社会民主主义者，而称作共产主义者。这是因为当时在各个国家里那些自称是社会民主主义者的人根本不把全部生产资料转归社会所有这一口号写在自己旗帜上。在法国，社会民主主义者指的是对工人阶级怀着或多或少真实的、但总是捉摸不定的同情心的民主共和主义者，即 1848 年的赖德律－洛兰式的人物和 1874 年的带有蒲鲁东主义情绪的‘激进社会主义者’。在德国，自称为社会民主主义者的是拉萨尔派；虽然他们中间的许多人已越来越深刻地意识到生产资料社会化的必要性，但是，道地拉萨尔式的

① 张世鹏：《社会民主党与社会民主主义起源探究》，载《科学社会主义》，2008 年第 3 期，第 137 页。

由国家资助的生产合作社仍然是唯一得到他们公开承认的纲领要点。因此，对马克思和我来说，选择如此有伸缩性的名称来表示我们特有的观点，是绝对不行的。”①

19世纪60年代，欧洲工人运动重新高涨，科学社会主义也在工人运动中逐渐流传。这个时期社会民主主义成为普遍使用的概念，其内涵带有科学社会主义的意思，已经不同于19世纪40年代。威廉·李卜克内西1869年所写的《论社会民主党的政治立场，特别是对国会的政治立场》使用了民主社会主义的概念，指出："民主社会主义深信政治问题和社会问题有着紧密的联系，因而它骄傲地拒绝了同现存制度的任何协议，力求为社会争取一个民主的国家，以便在社会主义的原则上组织社会。我们正是这种社会主义的拥护者，只有我们才有权称自己为社会主义的党。其他的人不过是一些集团或宗派。我们是社会民主党。"②

欧洲各国相继出现了类似于德国社会主义工人党的工人阶级政党，大多取名为社会民主党、社会民主工党或社会党，如葡萄牙社会党（1875年成立）、比利时社会党（1885年成立）、西班牙工人社会党（1879年成立）、荷兰社会民主同盟（1882年成立）、挪威工人党（1887年成立）、奥地利社会民主工党（1888年成立）、瑞士社会民主工党（1889年成立）等。奥古斯特·倍倍尔曾致信恩格斯说道："选用这个名称是因为它合乎我们这里的习惯叫法。所有的报纸和整个敌人营垒都把我们称作社会民主党和社会民主党人。我们也总是自称德国社会民主党，所以就很自然地采用了这个最简短精确的名称。我本人也是提议采用这个名称的人之一。"③

该时期，社会民主党接受了马克思和恩格斯的主张，推动着工人运动的发展。在这个过程中，马克思和恩格斯鉴于宣传和斗争的策略需要，有保留

① 中共中央马克思恩格斯列宁斯大林著作编译局编：《马克思恩格斯文集》（第四卷），北京：人民出版社，2009年版，第448—449页。

② 威廉·李卜克内西著，姜其煌等译：《不要任何妥协，不要任何选举协议！》，北京：生活·读书·新知三联书店，1964年版，第19页。

③《恩格斯和倍倍尔通信集》，北京：人民出版社，1985年版，第470页。

地接受了这个概念。“社会民主主义的种籽在青年一代和工人居民中间已经在很多地方长出芽来了。”[①]“现在情况不同了,这个词也许可以过得去。”[②]马克思和恩格斯也提醒到，社会民主主义的表述毕竟不够准确，社会民主主义者的群体存在着各种政治立场。“对于经济纲领不单纯是一般社会主义的而直接是共产主义的党来说，对于政治上的最终目的是消除整个国家因而也消除民主的党来说，这个词还是不确切的。然而，对真正的政党说来，名称总是不完全符合的；党在发展，名称却不变。”[③]

19 世纪中后期，欧洲主要资本主义国家掀起了以电气化为先导的第二次工业革命，极大推动了社会生产力发展，为调整资产阶级统治方式、改善工人阶级生活条件提供了物质基础。为了适应社会经济关系的新变化，欧洲主要资本主义国家逐步推行议会制和普选制，赋予社会成员参与政治活动的权利。“不论民主化是用何种方式进行的，在 1880—1914 年间，绝大多数的西方国家都已顺应了这个不可避免的潮流。民主政治已经无法再行拖延。自此，问题就变成该如何操纵它了。”[④]

欧洲社会民主党的合法斗争取得了不少成就，尤其是德国社会民主党克服重重压力，在议会斗争中取得了重要进展，成为德国政坛的重要力量。随着时代背景、经济条件、政治形势和社会环境的变化，一部分社会民主党人日益倾向于通过议会道路和改良手段来实现社会主义。19 世纪 90 年代初，德国社会民主党右翼领导人福尔马尔关于改良道路的主张颇有影响。恩格斯曾于 1891 年致信考茨基指出:要“痛击《前进报》那种和和平平的机会主义，痛击关于旧的污秽的东西活泼、温顺、愉快而自由地‘长入’‘社会主义社会’

① 中共中央马克思恩格斯列宁斯大林著作编译局译:《马克思恩格斯全集》(第十六卷),北京：人民出版社，1964 年版，第 242 页。

② 中共中央马克思恩格斯列宁斯大林著作编译局编:《马克思恩格斯文集》(第四卷),北京：人民出版社，2009 年版，第 449 页。

③ 同上。

④ 艾瑞克·霍布斯鲍姆著，贾士蘅译:《帝国的年代:1875—1914》,北京:国际文化出版公司,2017 年版，第 98 页。

的论调”[1]。

1895年恩格斯逝世后，社会民主党人围绕社会主义实现路径的分歧日益白热化、公开化。1899年，伯恩施坦以系列文章为基础发表了《社会主义的前提与社会民主党的任务》，公开要把社会民主党改造为“民主社会主义的改良的党”。他认为，社会主义是伦理的必然性，而非历史的必然性。民主既是手段又是目的，应该“力图通过民主改良和经济改良的手段来实现社会的社会主义改造”[2]。“对我来说运动就是一切，人们通常所说的社会主义最终目的是微不足道的。”[3]

伯恩施坦主义引发了德国社会民主党内部和第二国际内部的重大争论。同年，法国社会党人米勒兰没有经过党的允许就出任资产阶级政府内阁的工商业部长，再次引起了社会民主党人的分歧。1900年，第二国际巴黎代表大会围绕社会民主党人是否参加资产阶级政府的问题分为左派、中派和右派。会议通过的考茨基决议案未能解决理论和实践的争论问题，被称为“橡皮性决议”。第二国际后期，社会民主党逐渐从革命工人党变为社会改良党，社会民主主义则沦为主张社会改良和议会民主、反对暴力革命和无产阶级专政的思想体系和政治立场。

1914年第一次世界大战爆发后，德国社会民主党议会党团以工人保卫祖国为名支持战争，要求本党议员投票赞成德意志帝国政府的军事预算。各国社会民主党纷纷支持本国政府的战争政策，造成了欧洲社会主义运动的分裂和第二国际的解散。一战期间，一部分社会民主党左派重新联合起来组建新的政党。例如，列宁领导成立了俄国新型无产阶级政党，强调“‘社会民主党’这个名称在科学上是不正确的”，主张“应该象马克思和恩格斯那样称自己

① 中共中央马克思恩格斯列宁斯大林著作编译局编：《马克思恩格斯文集》（第十卷），北京：人民出版社，2009年版，第613页。

②《伯恩施坦文选》，北京：人民出版社，2008年版，第312页。

③ 同上书，第104页。

为共产党”[①]，“恢复共产党人这个原先的马克思主义称号”[②]。在1918年第七次代表大会上，俄国社会民主工党（布）改称俄国共产党（布）。

一战结束后，欧洲社会主义力量持续分化，一些国家的左派人士效仿布尔什维克，与社会民主党的中间人士和右派阵营进行决裂，最终形成了坚持革命的马克思主义派和主张改良的社会民主主义派的对立。在政治理念方面，围绕如何看待资本主义和如何实现社会主义等重大问题，欧洲社会主义者出现了深刻分歧，形成布尔什维主义与社会民主主义的历史分野。[③]在国内组织方面，社会民主党内部左派、中派和右派演变为独立的共产党和社会民主党；在国际组织方面，1919年，国际共产主义代表会议在莫斯科召开，通过了《告国际无产阶级宣言》《共产国际行动纲领》《关于资产阶级民主和无产阶级专政的提纲》等文件，宣告了共产国际的成立。同年，26个国家代表在伯尔尼召开战后首次社会党会议，倡导重建第二国际。1920年，日内瓦代表大会召开，德国社会民主党、比利时社会党、瑞典社会民主党、英国工党等政党代表参加，正式从组织上恢复第二国际。1921年，社会民主党中派代表在维也纳成立了国际工人联合会。1923年，中派和右派在汉堡联合召开国际社会民主党代表大会，成立社会主义工人国际。

二战期间，社会主义工人国际被迫停止活动。欧洲大部分国家的社会民主党转入地下斗争，领导人流亡到英国和瑞典。从1941年起，英国工党理论家哈罗德·拉斯基（Harold Laski）、前社会主义工人国际主席路易德·布鲁凯尔（Louisde Brouckère）和奥地利社会党人尤利乌斯·布劳恩塔尔（Julius Braunthal）在伦敦主编出版了《国际社会党论坛》月刊，讨论社会民主党的和平主张、战后重建社会党国际组织等问题。1942年，国际社会民主党人小组在挪威工党的倡议下成立，并于1943年发表了《社会民主党人的和平目标》

① 中共中央马克思恩格斯列宁斯大林著作编译局译：《列宁全集》（第二十九卷），北京：人民出版社，1985年版，第178页。

② 中共中央马克思恩格斯列宁斯大林著作编译局译：《列宁全集》（第二十六卷），北京：人民出版社，1988年版，第97页。

③ 张光明：《布尔什维主义与社会民主主义的历史分野》，北京：中央编译出版社，1999年版。

的纲领性文件。

二战结束后，欧洲进入战后重建时期，各国社会民主党重新投入国内政治活动，政治地位得到提升。1951 年，战后第八次国际社会民主党代表会议在德国法兰克福召开，通过了重建社会民主党国际的决议，决定国际社会民主党代表会议更名为社会党国际，宣布这次会议为社会党国际第一次代表大会。大会通过了《民主社会主义的目标和任务》，主张改良资本主义，实行政治民主、经济民主、社会民主和国际民主。此后，“民主社会主义”的提法开始取代“社会民主主义”，成为欧洲社会民主党的指导思想。

20 世纪 80 年代末 90 年代初，国际格局发生剧烈变动，欧洲左翼受到巨大冲击，政治力量出现明显的分化重组。社会民主主义逐渐取代民主社会主义，出现在欧洲社会民主党和社会党国际的文件表述。20 世纪 90 年代中后期兴起的英国工党“第三条道路”和德国社会民主党“新中间道路”是冷战结束后欧洲社会民主党现代转型的标志。至此，社会民主主义政党成为宣称信奉社会民主主义的自由、公正、互助等价值观念，主张在资本主义制度范围内进行改良的政党。[①]

三、研究现状和研究价值

（一）国内研究现状

工党是英国两大政党之一，也是欧洲左翼政党的代表，长期引领欧洲社会民主党的发展，受到政党政治、英国政治、国外左翼、当代世界社会主义等领域学者的关注。世纪之交，英国工党领袖和理论家的著作相继翻译出版。[②]

① 柴尚金：《政党与民主新论》，北京：中国民主法制出版社，2018 年版，第 5 页。

② 例如，托尼·布莱尔著，曹振寰等译：《新英国：我对一个年轻国家的展望》，北京：世界知识出版社，1998 年版；安东尼·吉登斯著，郑戈等译：《第三条道路：社会民主主义的复兴》，北京：北京大学出版社，2000 年版。

国内学术界也开始出现关于英国工党的研究专著。[①]2008 年国际金融危机以来，国内学术界围绕工党理论和实践、历史和现实取得了不少研究成果。

在思想政策演变方面，有的著作从政坛沉浮、政党章程、竞选宣言等角度考察工党意识形态的变化。[②] 有学者以世界由近代向现代转型为时空背景，探讨了英国民族国家的形成、英国的内政外交、工党的兴起、历届工党政府的内外政策等重要问题。[③] 还有学者对英国工党威尔逊时期的经济与社会政策、布朗时期的教育政策、米利班德时期的工会政策和基层组织建设等问题展开了专题研究。[④] 有学者全面考察工党百余年主流思想的嬗变历程、动因、表现和影响，发现工党主流思想既有质的嬗变与转型，也有量的渐变与摇摆；既有工党领袖个人的推动，也有英国国情的驱动。[⑤]

在工党执政实践方面，有学者讨论了艾德礼时期的国有化理论和实践。[⑥] 有学者探讨了“新工党”时期的经济社会政策和权力下放进程。[⑦] 还有学者把工党执政史置于工党发展史之中，重点分析了麦克唐纳政府、艾德礼政府、威尔逊政府、威尔逊－卡拉汉政府、布莱尔－布朗政府时期的执政实践。[⑧]

---

① 例如，刘成:《理想与现实——英国工党与公有制》，南京:江苏人民出版社，2003 年版；谢峰:《英国工党第三条道路研究:兼论西欧社会民主党的革新》，贵阳:贵州人民出版社，2003 年版；倪学德:《和平的社会革命:战后初期英国工党艾德礼政府的“民主社会主义”改革研究》，北京：中国社会科学出版社，2005 年版。

② 例如，张志洲:《英国工党社会主义意识形态变迁研究》，北京：社会科学文献出版社，2011 年版；李华锋:《英国工党政坛沉浮与主导思想的关系研究》，北京：中国社会科学出版社，2013 年版；崔士鑫:《历史的风向标——英国政党竞选宣言研究（1900—2005）》，北京：北京大学出版社，2013 年版。

③ 刘成:《英国现代转型与工党重铸》，北京：生活・读书・新知三联书店，2013 年版。

④ 李华锋、董金柱等:《英国工党理论与实践专题研究》，北京：人民出版社，2017 年版。

⑤ 李华锋:《英国工党主流思想的嬗变研究》，北京：中国社会科学出版社，2021 年版。

⑥ 高永:《英国工党国有化理论和实践研究》，杭州：浙江大学出版社，2020 年版。

⑦ 例如，胡昌宇:《英国新工党政府经济与社会政策研究》，合肥:中国科学技术大学出版社，2008 年版；李冠杰:《危险的分权：新工党治下英国的权力下放进程（1997—2010）》，上海：上海人民出版社，2014 年版。

⑧ 李华锋、李媛媛:《英国工党执政史论纲》，北京：中国社会科学出版社，2014 年版。

在工党组织变革方面，有学者选取英国工党、德国社会民主党和法国社会党进行比较，揭示三者在组织层面、社会层面和政治层面扩大民主参与之战略选择的趋同性。[①] 有学者梳理了工党与工会关系的缘起和百年嬗变，分析了工党与工会关系嬗变的特质和影响因素、工党处理工会问题的启示等内容。[②] 还有学者以工党地方性组织的嬗变过程为纵轴，梳理其嬗变的缘起、历史、现状，以影响其发展的具体因素为横轴，分析其发生嬗变的根源、表现和影响。[③]

刘玉安和蒋锐等的《从民主社会主义到社会民主主义——当代欧洲社会民主党的理论与实践》、林建华等的《冷战后欧盟诸国社会民主党政坛沉浮研究》、张世鹏的《西欧社会民主主义政党指导思想的历史演变》、张有军的《西欧社会民主党执政理论与实践研究》、谭鹏的《西欧社会民主党执政管理经验与启示》、焦凤梅的《挑战与应对：西欧社会民主主义变革论析》、陈露和张小劲的《欧洲社会党组织转型研究》、葛丽的《当代欧洲社会民主党的组织变革》等社会民主党研究著作对英国工党也予以了较多关注。谢峰的《西方政党党内民主研究》和《政治演进与制度变迁：英国政党与政党制度研究》、孙洁的《英国的政党政治与福利制度》等政党研究著作也有英国工党的相关内容。

上述专著以及为数不少的论文对于工党历史变革及其演变规律的整体性研究具有重要价值。2008 年至今，工党相继经历了布朗、米利班德、科尔宾和斯塔默四任领袖，学术界对工党的新动向展开跟踪研究。工党连续败选的原因引发了不同角度的分析。[④] 有观点认为后第三条道路时代工党内政外交

① 陈露、张小劲：《欧洲社会党组织转型研究：以英国工党法国社会党德国社会民主党为例》，北京：中国政法大学出版社，2016 年版。

② 李华锋：《英国工党与工会关系研究》，北京：人民出版社，2009 年版。

③ 李媛媛：《英国工党地方性组织嬗变研究》，北京：中国社会科学出版社，2009 年版。

④ 例如，田德文：《2010 年英国大选与政治走势》，载《中国党政干部论坛》，2010 年第 6 期；宋雄伟：《政治决断力 · 政治制衡性 · 政治现代化——从新工党大选失利分析英国的选举政治》，载《浙江学刊》，2011 年第 6 期；吕楠：《新时期英国工党执政经验教训及启示》，载《当代世界与社会主义》，2012 年第 2 期；刘玉安、蒋弘：《英国工党为什么四连败？》，载《当代世界社会主义问题》，2020 年第 1 期；郑海祥：《从 2019 年大选看英国政党政治新变化与英国工党的现实困境》，载《当代世界与社会主义》，2020 年第 3 期。

政策的轮廓不会有太大改变。[①] 然而，埃德·米利班德时期工党就出现了“蓝色工党”“全民国家”等新理念。[②] 工党内部左右翼关于“蓝色工党”与“新工党”发生了争论。[③] 工党内部的制度、工党和工会的关系也有所调整。[④]

2015 年科尔宾继任党魁后，工党出现了左转、民粹化和党内冲突加剧等现象。[⑤] 工党在 2017 年大选中取得了一定的进展，有观点认为由于工党既无力也无意推翻英国资本主义制度，而只是对它修修补补，所以工党随时都可能重新执政。[⑥]2019 年大选惨败后，有观点指出，工党如果继续向左转将面临诸多限制，向右调整似乎是工党回归政治中心的唯一选择。[⑦]2020 年斯塔默接任党魁，亟需解决工党长期积累的诸多问题。[⑧]

国内学术界探讨欧洲社会民主党的论文也会涉及英国工党的发展动向。例如，林德山的《十字路口的欧洲社会民主主义：现实挑战与争论问题》《十字路口的欧洲社会民主党》《欧洲左翼政党的现状与前景》、史志钦的《欧洲

---

① 沈丹:《后第三条道路时代的英国工党》，载《科学社会主义》，2011 年第 4 期。

② 例如，来庆立:《革新将从“新工党”和“蓝色工党”的结合开始——英国工党对未来的政治理念和实践走向展开讨论》，载《当代世界与社会主义》，2012 年第 5 期；王展鹏:《从米利班德到卡梅伦的“全民国家政党”》，载《欧洲研究》，2015 年第 4 期。

③ 郑海祥:《英国工党内部左右翼斗争内涵探析》，载《中共党史研究》，2018 年第 5 期。

④ 例如，陈文、梁玉柱:《从“选举民主”到“协商民主”：英国工党的改革经验与启示》，载《党政研究》，2016 年第 1 期；王继停、杨柳:《当前英国工党与工会关系的重构及其影响》，载《当代世界与社会主义》，2015 年第 4 期。

⑤ 例如，赵旭:《英国左派的崛起及其面临的挑战——浅析科尔宾的从政历程和抉择》，载《当代世界》，2015 年第 12 期；李宏:《民粹主义与英国工党》，载《当代世界社会主义问题》，2017 年第 1 期；肖伊宁:《英国工党的社会福利观念与政策变化》，载《当代世界与社会主义》，2019 年第 5 期；李华锋:《科尔宾时期英国工党的治理主张评析——基于 2017 年和 2019 年工党大选纲领的考察》，载《广西社会科学》，2021 年第 10 期。

⑥ 刘玉安、玄理:《英国工党何时东山再起？》,载《当代世界社会主义问题》,2017 年第 3 期。

⑦ 陈晔、魏鹤鸣:《英国工党向何处去？》，载《当代世界社会主义问题》，2020 年第 1 期。

⑧ 例如，杨阳、金淑霞:《后科尔宾时期英国工党的组织危机及其走向》，载《当代世界社会主义问题》，2020 年第 4 期；林德山、冯琰:《英国工党的新困境：思想、组织与政策问题》，载《党政研究》，2021 年第 2 期。

社会民主党的转型与困境》、田德文的《欧洲左翼的彷徨与转型》、赵刚印的《债务危机背景下的欧洲左翼政党》、轩传树的《经济危机背景下的欧洲左翼政治现象评析》、王军和赵献梓的《危机与重建：从2009年欧洲议会选举看欧洲社会民主党的现实困境》等。

总的来看，国内学术界主要从意识形态、政策主张、执政实践、组织体系、社会基础等角度分析英国工党的历史演变、发展困境和经验教训。其中，“第三条道路”和“新工党”的相关研究成果相对较多，在野时期工党的受关注程度相对较低，呈现冷热不均的特点。伴随着2008年以来欧洲社会民主党选举表现的整体衰退，国内学术界的关注点逐渐从英国工党的变革经验和执政成就转向了转型教训和发展动向。目前，关于“新工党”以来工党理论与实践的新变化仍然没有专著予以系统研究。

（二）国外研究现状

国外学术界的工党研究时效性强、成果丰硕，侧重选举政治的视角和定量研究的方法。在研究案例方面，国外学者通过议会大选、地方选举和欧洲议会选举来剖析工党的政坛沉浮（Peter Dorey，2017；Liam Byrne，2019；Paula Surridge，2020；Tony Travers，2021）；以工党领袖选举为例阐释党内制度变革（Richard Jobson and Mark Wickham-Jones，2011；Hugh Pemberton and Mark Wickham-Jones，2013；Peter Dorey and Andrew Den-ham，2016；Ron Johnston，et al. 2016；Thomas Quinn，2016；Andrew Crines，2017；Sam Page，2021）；以工会为例探讨工党附属组织的演变（Jason Schulman，2019；Christopher Massey，2021）；以青年群体和“动力”组织为例考察科尔宾时期工党宣传动员方式的变化（James Sloam and Matt Henn，2019；James Dennis，2020）。

在研究议题方面，有学者注重剖析工党的政治理念和政策主张（Matt Beech and Kevin Hickson，2014；Patrick English，et al. 2016；Dimitri Ba-trouni，2017；Peter Kellner，2017；Daniel Sage，2019；Jonathan Rutherford and Maurice Glasman，2020；Lynn Bennie and Alistair Clark，2020；Matt

Bolton and Frederick Pitts，2020）；也有学者以社会基础和政党竞争为视角分析工党的选举表现（John Denham and Daniel Devine，2018；Deborah Mattinson，2020；Mark Hayhurst，2020）。

在研究时段方面，有学者讨论了布朗时期工党的理论与实践（Timothy Heppell，2013；Stephen Dyson，2018）；有学者总结了米利班德时期工党的理论与实践（John Gaffney and Amarjit Lahel，2013；Judi Atkins，2015；Tim Bale，2015；Eunice Goes，2016）。从2015年工党领袖选举开始，科尔宾、科尔宾主义和科尔宾支持者所构成的“科尔宾现象”引起了学术界的关注（Jake Watts and Tim Bale，2019；Lewis Bassett，2019；Paul Whiteley，et al.2019；Bice Maiguashca and Jonathan Dean，2020；Matt Bolton and Frederick Pitts，2020；Michael Rustin，2020；Patrick Seyd，2020；Peter Allen，2020；Rob Manwaring and Evan Smith，2020）。2020年斯塔默继任党魁后，有学者已经开始研究工党的新变化，甚至使用了“斯塔默主义”的新提法（Grace Blakeley，2020；Christopher Massey，2020；Dan Corry，2021；Eunice Goes，2021；Phil Cartledge，2021）。一部分研究工党发展历程的成果也会涉及2008年之后工党的现实走向（Andrew Thorpe，2015；Simon Hannah，2018；Adrian Williamson，2019；Patrick Diamond，2021）。

国外学界的工党研究成果具有材料丰富和视角新颖的特点，能够提供有用的数据和生动的案例，但议题过于精细化、方法过于技术化，更加侧重“政党”而非“左翼”的研究视角，不利于从整体上把握工党变革的特点、动因及其影响。将工党发展动向置于传统左翼政党和社会民主主义视野下的研究成果相对较少，尚需进一步通过考察后“新工党”时期工党的新动态来分析传统左翼新动向、英国政治新现象和国外政党新变化，进而剖析欧洲政治制度和社会制度的深层次问题。在经历四次大选失利之后，英国工党是否会出现20世纪八九十年代的系统性变革，英国左右翼政治的传统格局是否会发生重大变动，值得密切关注。

（三）研究价值

2008年国际金融危机是欧洲资本主义国家和左翼力量发展的重要历史节点，暴露出当代资本主义的根本弊病，提供了批判资本主义的事实根据，其衍生危机至今持续发酵。把英国工党置于国际金融危机以来的新阶段，探讨新形势下工党的发展动向及其影响因素，探讨欧洲多重危机背景下左翼政党的变革路径及其现实启示，具有重要的理论意义和现实价值。

从社会思潮来看，欧洲是资本主义和社会主义的重要发源地，社会民主主义是欧洲意识形态光谱的重要成分。工党推动了自身的现代化进程，取得了“第三条道路”的成功，塑造了英国社会的变迁，引领了欧洲社会民主主义的复兴。进入21世纪第二个十年，以英国工党和德国社会民主党为主要成员的社会民主党成立了与社会党国际平行的进步联盟，意味着社会民主主义的发展出现了新趋势。任何一种政治思想都离不开具体的时空条件。研究后“第三条道路”时期工党政治理念和政策主张的调整变化，有助于把握社会民主主义的发展脉络和历史方位，认清社会民主主义困境和资本主义结构性危机的逻辑关联，为全面认识21世纪两制关系的发展态势提供现实案例。

从政党发展来看，政党的意识形态、社会基础、组织结构、动员方式伴随经济社会的发展而不断变化。英国工党历史悠久，其百年变革受到时代背景、经济结构、政治文化、社会思潮等因素的深刻影响。当今世界百年未有之大变局加速演变，政党所面临的世情、国情、党情也持续发生深刻变化。探讨工党变革的内在动因和外部环境，有助于了解国外政党政坛沉浮的原因，把握国外政党的发展态势及其基本规律，为新时代加强党的长期执政能力建设提供现实启示。

从政党政治来看，政党是政治学研究的重要对象，英国是西方政治制度的代表性国家。传统政治体制和经济社会发展的矛盾、政治精英和普通民众的脱节、社会撕裂和政治极化的并存、民粹主义和民族主义的交织成为“脱欧”背景下英国政党政治陷入困境的重要原因。研究工党的转型路径和选举表现，有助于剖析资本主义国家的社会变迁，认识反新自由主义、反财政紧缩、反建制思潮背景下欧洲政党政治的新现象，为研判欧洲社情民意和政治走向，开展中欧交往尤其是政党外交，推动中欧关系行稳致远提供决策参考。

总的来看，如何突破选举政治和执政实践的话题局限，结合定性研究和定量研究的研究方法，以英国工党等代表性政党为个案，将历史回顾和现实跟踪相结合，把国外左翼政党置于时代变迁、社会变革、政治发展和比较政治的层面进行跨学科探讨，是政党研究和当代世界社会主义研究值得关注的问题。

第二章 英国工党政治理念和政策主张的变化

一、从民主社会主义到社会民主主义的历史沿革

时代是思想之母，时代课题是政党理论创新的契机和动力。回顾欧洲社会民主党的百年历史，其得以发展壮大的重要因素在于顺应时代发展、把握关键节点、推动理论创新、引领社会进步，其整体显现颓势的重要原因也在于理论创新的方向偏差和能力下降。

英国具有独特的历史发展轨迹和政治文化氛围，渐进、改良、保守传统浓厚。马克思说道："英国人拥有进行社会革命的一切必要的物质前提。他们所缺乏的是总结的精神和革命的热情。"[①] 恩格斯说过："英国工人运动具有岛国的特点。"[②] 工党领袖威尔逊也提到，"我强调'英国的'这个词，因为它并非源于大陆的社会主义，而是以一望而知的英国的思想和英国的制度为基础的。"[③] 英国作为《乌托邦》的诞生地，"在 1914 年之前，社会主义在工人阶级中还没有赢得太多的支持，社会主义被接受为工人运动的意识形态的过程，要比欧洲其他任何国家所花的时间都长。"[④] 柯尔认为，"工会加入工党不是因

---

① 中共中央马克思恩格斯列宁斯大林著作编译局译：《马克思恩格斯全集》（第十六卷），北京：人民出版社，1964 年版，第 438 页。

② 中共中央马克思恩格斯列宁斯大林著作编译局编：《马克思恩格斯选集》（第三卷），北京：人民出版社，2012 年版，第 37 页。

③ 哈罗德 · 威尔逊著，李崇淮译：《英国社会主义的有关问题》，北京：商务印书馆，1966 年版，第 5 页。

④ 唐纳德·萨松著，姜辉等译：《欧洲社会主义百年史（上）：二十世纪的西欧左翼》，北京：社会科学文献出版社，2013 年版，第 17 页。

为工会会员的主体转向了社会主义——不管是伦理的还是经济的——而是因为他们要一些符合自己利益的社会和工业立法，而这基本上包括在社会主义者的要求中。”[①]

与欧洲大陆的社会民主党相比，英国工党的成立时间相对较晚，发展路径独具特色。与英国其他政党相比，工党思想变迁脉络尤为鲜明。有学者总结工党主流思想的百年嬗变，认为从劳工代表委员会成立到艾德礼政府结束历史使命的半个多世纪，工党主流思想变化的主线是左转；从艾德礼政府下台到 2010 年大选工党结束连续执政 13 年的半个多世纪，工党主流思想变化的主线是右转；从 2010 年工党失去十多年的执政地位起，工党又踏上了左转的进程。[②] 在粗线条的态势分析之下，工党政治理念和政策主张又可以根据政治地位、领袖风格、党内博弈等因素细分出具体化的演变阶段。

工党政治理念和政策主张的变化伴随着理论的创新和激烈的争鸣。工党作为社会民主同盟、费边社、独立工党等社会主义团体和各种工会组成的选举联盟，党内思想构成纷繁复杂。费边社提出费边主义，独立工党奉行社会主义，社会民主同盟具有马克思主义的倾向，工会则受到工联主义的影响。工党理论家安东尼·克罗斯兰（Anthony Crosland）把自然法学说、欧文主义、劳动价值论、基督教社会主义、马克思主义、费边主义等流派学说归为工党的思想渊源。有学者指出，“工党成立初期，表现为多种意识形态的混合，社会主义、工会主义、劳工主义以及激进自由主义等意识形态共存其中，却难辨主流。”[③] 也有学者认为，从英国工党早期的政治诉求、实践行动、内部争论和第二国际的认知看，劳工主义而非社会主义是其早期的主导思想。[④]

---

① 乔·柯尔著，夏遇南、吴澜译：《费边社会主义》，北京：商务印书馆，1984 年版，第 129 页。

② 李华锋：《英国工党主流思想的嬗变研究》，北京：中国社会科学出版社，2021 年版，第 278 页。

③ 张志洲：《英国工党社会主义意识形态变迁研究》，北京：社会科学文献出版社，2011 年版，第 100 页。

④ 李华锋：《劳工主义而非社会主义：英国工党早期主导思想探析》，载《当代世界与社会主义》，2019 年第 1 期，第 134 页。

党章和党纲的确立是工党从选举联盟走向现代政党的重要标志。1918 年工党章程确立了著名的第四条，明确了生产资料公有制的诉求，强调了产业大众管理和成果公平分配的原则，是一份“毫不妥协的社会主义者的文件”[①]。同年的工党代表大会通过的党纲《工党和新社会秩序》提出，通过社会、政治、工业机构方面的改革来建立一种新的社会制度，把新社会制度的支柱明确为国民最低生活标准、工业民主管理、国家财政改革和剩余财富用于公共利益。纲领重申生产资料公有制和工业民主的原则，主张土地、铁路、煤矿、电力实行国有化。[②] 至此，民主社会主义正式被确立为工党的指导思想。[③]“英国工人运动才融入欧洲社会主义运动的主流中。”[④]

20 世纪 20 年代，工党两度组建政府。工党的上台曾经引发了各界担忧。《英国评论》写道：“革命党首次执掌国家的政权。它不仅像 17 世纪那样推翻整个王朝或改变宪法，而是要摧毁文明生活的根基。”[⑤] 由于缺乏稳固的执政基础和足够的执政经验，工党的执政实践乏善可陈。

第二次世界大战改变了英国社会生产和民众生活的状态。物资供应部、新闻部、海运部、国内安全部、城乡规划部、厂房建设部等临时新增的政府机构，为政府干预提供了条件。政府职能空前扩大，人财物调配效率提升，失业、饥饿现象得以缓解。战时状态的生产管理实践缓解了战前经济问题和失业问题，民众对于公有制和政府干预的看法发生了转变。纷繁复杂的战后重建工作也让民众意识到国家力量的重要作用。英国民众一般把社会主义理解为政府干预，所以看到政府干预的积极成效后，对工党倡导的社会主义的

① 艾德礼著，吴德芬、赵鸣岐译:《工党的展望》，北京:商务印书馆，1961 年版，第 26 页。
②《各国社会党重要文件汇编》(第一辑)，北京:世界知识出版社，1959 年版，第 311 页。
③ 有观点认为，以费边社会主义为代表的英国社会主义占据工党意识形态的主流地位，并且在此后的几十年时间里逐渐成为工党社会主义意识形态的“正统”。参见张志洲:《英国工党社会主义意识形态变迁研究》，北京:社会科学文献出版社，2011 年版，第 124 页。
④ 唐纳德·萨松著，姜辉等译:《欧洲社会主义百年史(上):二十世纪的西欧左翼》，北京:社会科学文献出版社，2013 年版，第 19 页。
⑤ “The Road to Unity”，*The English Review*，Vol.38，No.1–6，1924，pp.3–4.

看法大为改观。1941 年，英国国内信息部门对伦敦的调查报告显示，对社会主义的广泛支持就像热带丛林中的植物那样生长。[①]“人们不仅认为这个制度比战前的那种混乱要公正，而且觉得它更有效率。”“没有理由认为这个经过战争考验并证明是成功的制度会在和平时期实行而得不到同样的成功。”[②]

凯恩斯主义关于政府干预和增加需求实现经济增长和充分就业的主张，为工党的经济政策提供了理论依据，《贝弗里奇报告》则为战后英国社会改革和福利国家建设奠定了政策基础。1942 年，英国经济学家威廉·贝弗里奇（William Beveridge）受战后重建委员会的委托，围绕英国社会保障制度进行社会调查，完成了名为《社会保险及其有关服务》（*Social Insurance and Allied Service*）的报告。这份报告详细制定了以社会保险制为核心内容的全面社会保障计划，把关注贫困人口的社会救济拓展为面向全体人口的社会保障，为饱受战争苦难的民众勾勒了战后重建的美好蓝图，引起了社会各界的强烈反响。“战时的工党对这一报告的积极支持与保守党对这一报告的冷漠态度形成了强烈的反差，促使英国人选择了能为自己未来生活绘制美好蓝图的工党作为执政党。”[③]

工党以“让我们面向未来：为全国考虑的劳工政策宣言”（*Let Us Face the Future: A Declaration of Labour Policy for the Consideration of the Nation*）作为 1945 年竞选纲领的标题，强调“工党是一个社会主义政党”，其“最终目标是建立社会主义的大不列颠联邦，这里是自由的、民主的、高效的、进步的、为公的，将组织各种物质资源服务于英国民众”。[④]工党连续赢得 1945

① 倪学德：《和平的社会革命：战后初期英国工党艾德礼政府的“民主社会主义”改革研究》，北京：中国社会科学出版社，2005 年版，第 42 页。

② 玛格丽特·柯尔著，杜安夏等译：《费边社史》，北京：商务印书馆，1984 年版，第 284—285 页。

③ 王世恒：《西方左翼政党民生理论的批判及启示》，北京：中国社会科学出版社，2021 年版，第 45 页。

④ Labour Party，“1945 Labour Party Election Manifesto”，http://www.labour-party.org.uk/manifestos/1945/1945-labour-manifesto.shtml.

年和1950年大选，艾德礼政府在六年的执政时间里推行了以国有化和“福利国家”为核心的改革，被誉为“和平的社会革命”（A Peaceful Social Revolution）。一方面，英国议会通过了《英格兰银行法》《煤矿工业国有化法》《电报和电话法》等法案，建立了国家煤炭局等经济实体作为所有权的体现者，实现了英格兰银行、煤炭、民航、运输、通信、电力、钢铁等行业的国有化。另一方面，以《贝弗里奇报告》为蓝本，制定并通过《国民补助法》《国民保险法》《国民医疗保健法》《住房法》《教育法》等法案，建立了国家医疗服务体系，改革了公共教育，兴建了公共住房，基本构建了普惠性的社会保障制度。1948年，艾德礼宣布英国率先建成福利国家。

1951年大选失利后，工党陷入了长达13年的在野期。期间，党内左右翼围绕党章第四条的公有制问题展开了持续争论。艾德礼、莫里森等人认为，国有化的形式有待深入探讨，国有化的进程需要慎重推进。以比万为代表的党内左翼坚持公有制原则，认为公有制是社会稳定的基础和社会平等的前提，“把一种工业转为公共所有，仅仅是走向社会主义的第一步。这是十分重要的一步，因为如果没有这一步，就没有建立起继续前进的条件。”[①]比万要求扩大国有化的实施范围，把国有化进程暴露出来的问题归结为“不会以干净利落和直截了当的方式把社会主义政策执行到底”[②]。

1952年出版的《新费边论丛》反映了工党内部对传统社会主义的反思，是一份“试探性的文献”（Tentative Document）。[③]艾德礼政府的执政成就令论丛主编理查德·克罗斯曼（Richard Crossman）也表示：“如果福利资本主义能够向多数人提供安全，那么我们如何说服他们选择社会主义？”[④]以盖茨克尔、克罗斯兰为代表的工党右翼基于二战结束后英国发展状况和工党执政实践，从伦理视角来认识社会主义与资本主义，提出重新对社会主义进行“合

① 安奈林·比万著，李大光译：《代替恐惧》，北京：商务印书馆，1963年版，第107页。

② 同上书，第102—103页。

③ Geoffrey Foote, *The Labour Party's Political Thought*, *London*: *A History*, London: Routledge, 1997, p.204.

④ *Socialism and the New Despotism*, London: Fabian Tract, 1956, p.3.

乎道德”的解释。党内右翼主张“混合经济”，要求修改党章第四条关于公有制是工党目标的条款，而把公有制视为社会主义的手段而非目的，反对扩大国有化的范围，提出“生产资料所有制已经不再是决定一个社会本质属性的关键因素”①。在盖茨克尔看来，“国有化既然是工业管理和所有权在制度上的转变，就必须被当作一种手段，而不应该同上述的最终目的混为一谈。人们之所以往往把国有化当作目的，并或多或少把它和社会主义等同起来，是因为一向有人把它看作必然能达到预期目的的唯一可采用的手段，而不是把它看作实现社会主义理想的一种手段。”②

上述争论无助于扭转工党的选举颓势，盖茨克尔担任工党领袖期间推动党章修改的意图最终未能落实。1960 年，工党年会发表了关于党章第四条的声明，只是阐明而不是替代旧条款的内容，指出：“公有制采取不同的形式，包括国营工业和商行，生产者和消费者的合作，地方公营以及公方之参与经营。由于认识到公营和私营企业在经济中各有其一定的地位，它相信进一步扩大公共所有制的措施应按照这些目标并根据情况适当地考虑到有关工人和消费者的观点逐步加以决定。”③

威尔逊时期，工党淡化公有制问题的争论，突出科学革命和计划化的重要性，把科学作为现代社会主义的关键词，强调“工党要以社会主义来充实科学，以科学来充实社会主义”④。工党 1964 年竞选纲领以“新英国”（*The New Britain*）为标题，强调经济计划化有助于推动经济发展、实现充分就业、保障运输有序、抑制商品价格和平衡国际收支，提出制定全国经济计划和地方经济计划，要“在国家计划的安排下调动技术资源，把民族的智力和天赋财富用

① 安东尼・克罗斯兰著，轩传树等译：《社会主义的未来》，上海：上海人民出版社，2011 年版，第 38 页。

② 休・盖茨克尔著，李奈西译：《社会主义与国有化》，北京：商务印书馆，1962 年版，第 7 页。

③ 哈罗德・威尔逊著，李崇淮译：《英国社会主义的有关问题》，北京：商务印书馆，1966 年版，第 11 页。

④ 同上书，第 40 页。

于科学创造和医学发现"[①]。"计划化和国有化的阐述稳固了原有的选民基础，科学化的新意加之保守党的问题又吸引了部分处于游弋观望的中间选民。"[②]

大选获胜后，威尔逊政府开启了战后英国第二次国有化浪潮，推动了钢铁行业的重新国有化，把国有企业拓展到机械、电子、航空、汽车等领域；成立了负责制定年度计划和五年计划的经济事务部，建立了地区的经济计划局和经济计划委员会；废除了保守党政府的《工业关系法》，颁布了《工会争议法》，扩大了工会的权力，与工会构建了相互支持的"社会契约"（Social Contract）；把社会建设作为重点领域，颁布了《社会保障管理法》《国民保险法》等法案，降低了民众就医成本，加大了基础教育投入，推动了开放大学建设，提升了养老金、疾病和失业救济金。

从 20 世纪 70 年代中期开始，欧洲经济结束了高速增长的周期，出现了通货膨胀、失业率升高、公共财政危机等一系列问题。英国的国内生产总值增速从 1973 年的 6.5% 降至 1975 年的 -1.5%，消费物价指数从 9.4% 升到 22.6%。[③]1974 年上台的工党政府面对英国经济弊病和凯恩斯主义失灵等问题，采取削减开支、限制工资、冻结物价的做法，但也没能引领英国走出困境，反而激化了工党和工会的矛盾。这暴露了工党政治理念和政策主张的短板。艾德礼时期的成功和威尔逊、卡拉汉时期的困境表明，现代社会民主主义完成最终任务有赖于繁荣稳定的经济基础。"在缺乏建立在充分就业或接近充分就业基础上的增长型经济的情况下，改良主义的福利和再分配政策不可能实现。这一必要条件并不适用于保守党。"[④]

① Labour Party, "1964 Labour Party Election Manifesto", http://labour-party.org.uk/manifestos/1964/1964-labour-manifesto.shtml.

② 李华锋：《英国工党主流思想的嬗变研究》，北京：中国社会科学出版社，2021 年版，第 149—150 页。

③ Office for National Statistics, "Changes in the Economy Since the 1970s", https://www.ons.gov.uk/economy/economicoutputandproductivity/output/articles/changesintheeconomysincethe1970s/2019-09-02.

④ 唐纳德·萨松著，姜辉等译：《欧洲社会主义百年史（上）：二十世纪的西欧左翼》，北京：社会科学文献出版社，2013 年版，第 357 页。

1979年英国举行大选，保守党获胜，开启长达18年的执政期。面对经济增长停滞、通货膨胀显著和失业人数上升的状况，撒切尔政府奉行货币主义，通过减少货币供应量、抑制通货膨胀来稳定市场物价、推动经济复苏；充分发挥市场作用，推进私有化和市场化，减少国家对企业的管制，把政府拥有的企业股份出售给个人，推行民众资本主义，降低企业税和个人所得税；改革行政机关，减少公共开支，削减社会福利。撒切尔政府的改革标志着二战后英国基于凯恩斯主义和福利国家的"共识政治"告一段落。保守党执政期间，英国经济逐渐恢复增长，失业率开始下降，通货膨胀得到抑制。普通民众的家庭收入和生活水平获得改善，数百万人拥有了私人住房和企业股份。

与选择右转路径的保守党不同，托尼·本、富特等党内左翼代表进入工党全国执行委员会，左翼立场成员逐渐占据工党主要机构及其职位。受制于党内左翼日益增强的影响，工党形成了包括扩大公有制、加强政府干预、实行工业民主、扩大公共投资等政策主张。1979年大选失利后，富特战胜右翼代表希利当选工党领袖，他把工党败选的原因归结为党内右翼的政策主张。随着工党左转趋势不断加剧，以扩大国有化、加强政府干预为核心的"更替性经济战略"主导了工党的政策主张。1982年工党年会纲领提出，首要任务是"使权力和财富的对比发生有利于劳动人民及其家庭的不可逆转的根本的变化"。"工党的目标是创建一个以互助、合作和服务为基础的社会主义社会，在这个社会里，人人都能得到平等的份额和地位。"纲领还指出："工党将利用计划来克服英国资本主义的失败。""私人通过生产资料的占有获得其他人集体努力所得到的利益，并对普通人的生活行使不负责任的权力是错误的。我们的社会经济目的只有通过扩大公共所有制才能实现，这种公有制应扩大到足以使社会能够控制经济中的支配力量。""用这些不同形式的公有制来代替大部分私人所有制，从而为民主社会主义的英国奠定必要的基础。"[①] 在1983年竞选纲领里，工党提出重新实施国有化、实行工业民主、加强生产

① 中共中央党校科学社会主义教研室国外社会主义问题教学组编：《社会党重要文件选编》，北京：中共中央党校科研办公室，1985年版，第427—433页。

计划、成立经济和产业规划部门、建立国家投资银行、增加公共投资、改善社会福利、推动同工同酬、废除保守党执政时期的工会法案、保护在英国的难民、推动英国退出欧共体等政策主张。[①]

工党政治理念和政策主张的激进左转激化了党内矛盾，罗伊·詹金斯等党内要员退出另组新党。工党 1983 年大选惨败“并不是输在竞选活动的三周内，而是败于在这之前的三年当中”，“在过去三年里，工党由于内部的不团结、极端主义、政策的不稳定以及总体执政能力的欠缺，为其自身树立了一个极其糟糕的公众形象”。[②]

接任富特党魁职务的金诺克出生于矿工家庭，从事过工人夜校工作，参加过左翼“论坛派”活动，但立场和风格比较务实，属于党内温和左翼。面对党内强硬左翼要求实施民主社会主义传统政策的压力，金诺克带领工党正视现实环境的变化，探索调整工党的政治理念和政策主张。1987 年工党竞选纲领放弃了“更替性经济战略”，以多种手段实行的“社会所有制”取代了扩大国有化的表述。

1987 年大选失利后，工党的“政策反省”（Policy Review）运动延续了右转的趋势，深入开展公有制地位、政府角色、市场作用、工会行动、充分就业、福利政策等问题的讨论，货币主义逐渐取代凯恩斯主义成为工党制定政策主张的指导思想。在公有制问题上，1988 年的工党文件《民主社会主义的目标和价值》延续了社会所有制的提法。在欧洲问题上，工党从排斥欧洲一体化转向支持英国参与欧洲一体化进程。工党不只是“像在 1987 年以前那样重塑自己的形象，而且接受了许多由保守党倡导的议程”，“通过这样做，工党加入了西欧其他左翼政党走向一种新修正主义综合之道路的行列中”。[③]

---

① Labour Party，“Labour Party Manifestos 1983”，http://labourmanifesto.com/1983/1983-labour-manifesto.shtml.

② 丹尼斯·卡瓦纳著，刘凤霞、张正国译：《英国政治：延续与变革》（第四版），北京：世界知识出版社，2014 年版，第 159 页。

③ 唐纳德·萨松著，姜辉等译：《欧洲社会主义百年史（下）：二十世纪的西欧左翼》，北京：社会科学文献出版社，2013 年版，第 815 页。

在精心准备、民调领先的情况下，工党依然输掉了 1992 年大选，史密斯接替金诺克担任工党领袖。外部环境变动和大选连续失利推动了工党调整思想理论的进程。“随着耐尔 · 金诺克当选为工党领袖，我们开始了革新的长征。约翰 · 史密斯把这项工作推向前进。”[①]经过了金诺克的铺垫和史密斯的过渡，“现代派”（Moderniser）代表布莱尔担任党魁后加快了工党现代化的步伐。

布莱尔出身中产家庭，属于党内右翼阵营的代表，1983 年首次当选下议院议员，曾经担任影子内阁的能源大臣、就业大臣和内政大臣，1994 年接替病逝的史密斯成为工党领袖。他表示，自己“感兴趣的不是只执政一任，在一阵狂喜中上台，抱负远大，然而昙花一现后垮台”。“想从基础上重建本党，保证每一块石头都放在正确的位置上，每一种设计不仅仅是为了效果而是具有实在的目的。”[②]

就任党魁初期，布莱尔就大力推动党章第四条公有制条款的修改。在党内左翼和工会的反对之下，1994 年工党年会以 50.9%∶49.1% 的结果否决了修改党章的提议。同年 12 月，全国执行委员会以 20 票∶4 票的结果同意修改党章第四条。在 1995 年 4 月举行的工党特别会议上，修改方案以 65.23%∶34.77% 的结果获得通过。[③]在新版党章第四条里，工党把自身的目标与价值概括如下：“相信依靠共同努力的力量，能够达到比个人所能达到的更多的成就，从而为我们每一个人创造实现真正潜力的手段，为我们全体人民创造这样一个社会，权力、财富和机会掌握在多数人而不是少数人手中；我们享有的权利反映着我们应承担的责任，我们以团结、包容和尊重的精神

① 托尼 · 布莱尔著，曹振寰等译：《新英国：我对一个年轻国家的展望》，北京：世界知识出版社，1998 年版，第 8 页。

② 同上书，第 14—15 页。

③ Harry Harmer, *The Longman Companion to the Labour Party, 1900-1998*, London: Routledge, 1999, p.17.

自由地生活在一起。”[①]

在布莱尔领导下，工党更新了政治理念和政策主张，提出了“新工党、新英国”的口号。布莱尔主张变革工党进而变革英国，维护英国的国际地位，迎接21世纪的全新挑战。与传统的民主社会主义相比，“新工党”的政治主张和政治实践发生了一系列重大变化。“新”表现在它的背景、角色、立场、手段和策略、共识、学习范式、制度、风格和态势、政治文化、社会政策等诸多方面都发生了不同以往的深刻变化。[②]

在价值方面，把个人价值平等、机会均等、责任、社会意识视为公正社会的支柱，主张超越左右对立的观念，从伦理价值的范畴理解社会主义，放弃对资本主义实现制度替代的目标,倡导“现代化的社会民主主义”,实现“社会公正与中左政治目标”。

在政治领域，推动上议院改革，取消世袭贵族的上议院议员资格，非政治任命的上议院议员由专门的皇家委员会负责推荐；扩大地方权力，向苏格兰、威尔士等地方政府下放权力，成立苏格兰和威尔士地方议会，在地方选举中引入比例代表制；推动北爱尔兰和平进程，签署《贝尔法斯特协议》，恢复北爱尔兰自治政府。

在经济领域，放弃以公有制取代私有制的目标，提出“新型混合经济”和“人人所有的社会所有制”；主张“新经济”的理念，认为全球化和知识经济背景下经济增长是社会公正的前提；重新界定政府的角色，强调市场机制的作用，着力构建政府和市场“新型合作伙伴关系”，打造“有活力的现代经济”；加大公共服务体系投入，提高科技研发经费，创造新的就业机会；改革金融体制，增强货币政策灵活性，把货币政策决策权从财政部转移到英格兰银行;减少企业监管，降低企业税赋，鼓励技术创新，促进中小企业发展，提高产品的国际竞争力。

---

① 吕楠主编:《世界主要政党规章制度文献:英国》，北京:中央编译局出版社，2015年版，第370—371页。

② 王凤鸣:《“新工党”新在何处？》，载《当代世界与社会主义》，2002年第5期，第32页。

在社会领域，强调权利和责任的统一，构建以扶持取代施舍的福利形式，大幅调整福利政策，缩小传统福利救济的受益范围，把主要救济对象集中于失去劳动能力的老年人和残疾人群体，避免失业者长期依赖政府福利救助，“使福利制度能真正改善人民的生活，而不是加重人民的依赖性”①；重视教育投入，倡导终身教育，鼓励地方政府、企业和社会机构开展多元化办学；以“积极福利”取代“消极福利”，以教育和培训作为促进就业、提高收入的福利形式，推动年轻人、长期失业者和单亲母亲等群体参加工作，让国家、社会和个人共同承担各自的责任，把福利国家改造为社会投资国家，“创建一种促进全民族工作而不依靠救济的现代福利体系”②。

在对外政策上，加强国际合作，倡导全球治理，密切英美关系，奉行“新干涉主义”；强调融入欧洲的重要性，指出欧洲是英国“行使权力和发挥影响的唯一途径”，英国要保持全球性国家的历史作用“必须成为欧洲政治的核心部分”③；积极推动英国融入欧洲一体化进程，参与制定《欧盟宪法条约》，批准《里斯本条约》；发挥英国军事优势，倡导欧洲共同防务体系建设。

英国工党的“第三条道路”成为冷战结束后欧洲社会民主党新一轮转型的标志。在世界社会主义史上，“第三条道路”并不罕见，曾指代介于社会革命和社会改良、社会主义和资本主义、民主社会主义和苏联社会主义之间的“中间道路”。20 世纪 90 年代的“第三条道路”试图在民主社会主义和新自由主义之间开辟新的道路，“标志着在中－左路线上的新起点……从民主社会主义的中－左思想和自由主义这两股巨流的汇合中汲取了活力”，“力求在权利和义务之间保持一种新的平衡”。④

“第三条道路”是工党应对冷战结束后国内外形势变化的理论创新和实

① 托尼·布莱尔著，曹振寰等译：《新英国：我对一个年轻国家的展望》，北京：世界知识出版社，1998 年版，第 167 页。

② 同上书，第 40 页。

③ 同上书，第 329 页。

④ 托尼·布莱尔著，薛晓源编译：《第三条道路》，载杨雪冬、薛晓源主编：《“第三条道路”与新的理论》，北京：社会科学文献出版社，2000 年版，第 25—27 页。

践转向，具有广泛而深刻的背景原因。随着经济全球化的发展和科学技术的进步，世界各国联系日益紧密，跨国公司的影响力显著增强。两极格局终结后，加速发展的经济全球化推动了资源在全球范围内的重新配置，给国家治理、社会生产和人民生活带来了重大变化。全球化造成了资本流动、产业转移、文化交融、跨国移民等现象，弱化了中央政府管控本国经济和社会事务的能力。在国际竞争日趋激烈的背景下，欧洲一体化进程加快，欧洲共同体转型为欧洲联盟。欧盟发行统一的货币，实现人员、劳务、商品和资本的自由流通。社会民主党所依赖的政府干预手段效力不断下降，传统的福利国家和充分就业政策难以为继，亟需探索治国理政的新方式和新手段。正如“新工党”理论导师吉登斯所言，“第三条道路”的“激进的思维和政策是解决全球化带来的问题、利用好全球化带来的机会的必要因素”，“工党议程上的首要政策问题包括宪政改革、放权、福利国家改革以及欧盟的未来，这些问题都体现了全球化的影响”。①

新理念、新口号帮助工党获得了短期的选举红利。经济表现是工党连续获得大选胜利的重要原因。1997 年至 2007 年，英国经济年均增长率为 2.8%，通胀率和失业率维持较低水平，经济形势好于法国、德国等欧盟主要国家。工党不擅长经济治理的形象获得改观。但长远来看，这一轮转型没有根本解决工党理论和实践的结构性问题，埋下了工党内在特质和外部环境冲突加剧的伏笔。

从口号运用来看，“新工党”和“第三条道路”属于特定时期的政治表述，采取折中主义的态度，意识形态模糊不清，无法一直保持热度并且解决后续问题。“思想需要有相应的称号才能流行并得到广泛的理解。”“第三条道路”曾被布莱尔视为“目前进步的中左力量在英国和其他地方正在形成的新政治的最好称号”。② 在布莱尔第二个任期里，工党逐渐弃用“第三条道路”的概念，

① 安东尼·吉登斯著，周红云译：《失控的世界——全球化如何重塑我们的生活》，南昌：江西人民出版社，2001 年版，第 82 页。

② 托尼·布莱尔著，林德山译：《第三条道路：新世纪的新政治》，载陈林、林德山主编：《第三条道路：世纪之交的西方政治变革》，北京：当代世界出版社，2000 年版，第 5 页。

强调“第三条道路”进入了进行持久变革的“第三个阶段”。[①]不过，执政后期陷入内外交困的布莱尔已经无力继续拓展和深化“第三条道路”。

从实际效果来看，删除党章第四条“公有制条款”、削减社会福利等做法弱化了工党自身的意识形态色彩和左翼政党特征。面临选举政治周期压力和竞争对手政策挑战的工党奉行实用主义，接受了右翼阵营的部分政治理念和政策主张，逐渐偏离了民主社会主义的历史传统和纲领目标。布莱尔执政十年更像是改良版的撒切尔主义和又一次的“共识政治”，导致工党失去了政治理念和政策主张的鲜明特点和比较优势。“对于那些希望工党在执政期间能够实行一种与传统的社会民主主义主张相一致的、彻底的变革的人来说，他们只看到了被白白浪费掉的13年。”[②]

2007年，财政大臣布朗接替布莱尔出任党魁和首相后，高举变革和新政治的旗帜，把住房、教育和医疗作为优先解决的问题，并且主张推动宪法改革，引入上议院选举制度，把更多的政府权力转到议会，把包括宣战在内的重大事项决定权交给议会，把更多的政府和议会权力转交民众，重建民众对于政府的信任。然而，突如其来的国际金融危机打断了布朗政府的改革进程。

从1825年英国首次爆发经济危机以来，资本主义基本矛盾开始暴露，周期性经济危机频繁发生，破坏性越来越大。马克思关于经济危机的周期形式有过深刻的论述：“一切现实的危机的最后原因，总是群众的贫穷和他们的消费受到限制，而与此相对比的是，资本主义生产竭力发展生产力，好像只有社会的绝对的消费力才是生产力发展的界限。”[③]资本主义国家历经多年发展和

① 有学者认为，小布什上台意味着“第三条道路”开始落幕。参见周穗明：《当代资本主义发展与自由主义的两次转型——当前欧美经济政治回归新自由主义主流》，载《国际经济评论》，2001年第3期，第29页。也有学者指出，2002年“第三条道路”已经不再时髦，社会民主主义处于彷徨期。参见罗云力：《“第三条道路”为何不再时髦？》，载《当代世界社会主义问题》，2002年第2期，第44页。

② 弗里德里希·艾伯特基金会编，夏庆宇译：《社会民主主义的未来》，重庆：重庆出版社，2014年版，第88页。

③ 中共中央马克思恩格斯列宁斯大林著作编译局译：《马克思恩格斯全集》（第四十六卷），北京：人民出版社，2003年版，第548页。

多次转型始终没有摆脱经济危机的周期性冲击。缘起于2007年美国次贷危机的国际金融危机是二战结束以来最严重的一次金融危机，也是欧盟20世纪90年代末引入欧元以来的第一次大规模经济危机。由于区域货币联盟政策架构不完善、虚拟经济过度膨胀、欧美经贸关系密切等原因，欧洲经济遭受了国际金融危机的重创，暴露出长期积累的国内财政问题和欧盟制度的经济治理缺陷。各国普遍陷入了经济负增长，2009年欧盟经济平均增长率低至–4.3%。①

相对于法国社会党、德国社会民主党而言，英国工党的自由主义化程度更高，以资本和市场为导向的政策取向更明显。工党政府利用了全球化的机遇，却延续撒切尔主义的私有化和自由市场方针，过分靠拢新自由主义，没能妥善管控全球化和市场化的风险。英国“去工业化”的做法加剧了国内产业结构比例失衡，使其经济发展过度依赖金融业和房地产业，发展模式和产业结构抵御经济危机的能力减弱。在国际金融危机的重创之下，英国经济结束了连续16年的增长，财政状况恶化，失业率和通胀率上升。2009年，英国经济增长率降至–4.2%，是二战以来的最大跌幅。②失业率升至7.6%，为工党1997年执政以来的新高。③2009年至2010年度英国财政赤字率达10%，为30多年的最高水平。④为抑制经济衰退的势头，布朗政府推出积极的救市措施，采取降低利率、量化宽松等扩张性货币政策来刺激经济增长。

2010年选前民调显示，42%的受访者表示“经济”是自己最关心的问题，17%选择“移民”，11%认为是“政府债务”，各有8%受访者选择“失业”和“国

① The World Bank，“GDP Growth（Annual %）–European Union”，https://data.worldbank.org/indicator/NY.GDP.MKTP.KD.ZG?locations=EU.

② Office for National Statistics，“Gross Domestic Product: Year on Year Growth”，https://www.ons.gov.uk/economy/grossdomesticproductgdp/timeseries/ihyp/ukea.

③ Office for National Statistics，“Unemployment Rate（Aged 16 and Over，Seasonally Adjusted）”，https://www.ons.gov.uk/employmentandlabourmarket/peoplenotinwork/unemployment/timeseries/mgsx/lms.

④ Office for National Statistics，“UK Government Debt and Deficit Statistical Bulletins”，https://www.ons.gov.uk/economy/governmentpublicsectorandtaxes/publicspending/bulletins/ukgovernmentdebtanddeficitforeurostatmaast/previousReleases.

家医疗服务体系”。[①] 危机背景下，各主要政党均以变革为主题开展竞选活动。保守党的竞选纲领以“大社会”为理念，提出实施紧缩政策、出台紧急预算、削减财政赤字、减少下议院议员、增加政治透明度、限制游说活动、支持国家医疗服务体系、向欧盟移交权力和加入欧元区需要经过全民公投、英国重新收回部分让渡给欧盟的权力等主张。[②]

自由民主党竞选纲领以公平税收、公平机会、公平未来、公平协议为关键词，主要内容包括：提高个人所得税起征点，成立金融稳定委员会来规定减少赤字的时间和规模，削减政府开支，向银行业征税，限制公共部门职员薪酬涨幅；加大教育资金投入，取消大学学费，保障病人获得优质医疗服务；减少上议院议员人数并改为选举产生，制定成文宪法，选举权年龄降至 16 岁；建立地区积分系统，确保移民只能在需要他们的地方工作，设置独立机构处理难民庇护申请，停止对儿童的拘留行为；认同英国和欧盟开展合作的必要性，支持英国加入欧元区。[③]

工党 2010 年竞选纲领题为“对所有人公平的未来”（*A Future Fair for All*），承诺不会提高个人所得税税率，实现最低工资标准跟随平均收入增长；通过经济增长、削减非必要开支等方式来实现 2014 年赤字减半，通过增加公共开支来推动经济复苏；维持较低水平的营业税，改革银行业；实行固定任期议会制度，民众有权罢免财务行为不当的议员；通过全民公投决定是否通过比例代表制选举上议院议员、是否在下议院选举中采用选择投票制；提高各级学校的教学质量，改革国家医疗服务体系；打击各类犯罪和反社会行为，改善社区环境；实施新的积分移民制度，强制推行外国人身份证；英国

① Harold Clarke，et al. “Electoral Choice in Britain，2010: Emerging Evidence from the BES”，https://bes2009-10.org/report/elecchoicever7june25.pdf.

② Conservative Party，“Invitation to Join the Government of Britain”，https://conservativehome.blogs.com/files/conservative-manifesto-2010.pdf.

③ Liberal Democrat Party，“Liberal Democrat Manifesto 2010”，https://general-election-2010.co.uk/2010-general-election-manifestos/Liberal-Democrat-Party-Manifesto-2010.pdf.

是否加入欧元区需要全民公投的同意。[①]

工党的改革方案涉及从金融机构到政治体制的各个领域，旨在改革英国的经济、政治和社会问题。然而，执政 13 年的工党政府对于英国经济困境负有不可推卸的责任。大选临近经济未有明显复苏，加上布朗参加活动失言遭到曝光、议员报销舞弊丑闻和海外战争久拖不决，工党最终落败，失去了执政地位，“第三条道路”的实践告一段落。

2010 年 5 月到 9 月，五名候选人角逐布朗辞职后的工党领袖空缺，如何带领工党继续前进成为竞选主题。竞选期间，埃德·米利班德反对英国追求美国式的资本主义。他指出，布莱尔、布朗政府过度依赖金融服务业而牺牲其他产业，也没有让富人承担相应的责任，导致英国变得经济更加不平等、社会更加分裂。他提出了提升税率上限、调节收入分配、引入最低生活工资、减轻大学生学费压力等主张。具有党内左翼色彩的埃德·米利班德最终成为布朗的继任者，开启后“第三条道路”时期的新探索。

二、从米利班德时期到科尔宾时期的现实调整

政策主张是政党政治立场和政治理念的具体表现，也是争取选民支持和实现政治目标的重要手段。政党的政策主张主要包括议题立场和议题重点，前者指政党关于政治议题的立场观点，后者指政党对于政治议题的优先次序。与相对稳定的政治理念相比，政党通过政策主张能够更加直接和及时地回应外部环境的变化。政党的政策主张取决于经济形势、社会思潮、政治制度、政党竞争等外部环境和政党传统、政治理念、党内派别、政党领袖等内部因素。欧洲作为一体化程度较高的地区，欧盟各国政党的政策主张还受到了欧洲层面问题和欧盟机构政策的影响。

---

① Labour Party, “The Labour Party Manifesto 2010”, https://general-election-2010.co.uk/2010-general-election-manifestos/Labour-Party-Manifesto-2010.pdf.

21 世纪第二个十年，欧洲连续受到经济危机、社会危机、难民危机等一系列事件冲击，社情民意发生广泛而深刻的变化。除了经济和社会维度的传统议题，文化、生态和欧洲维度的议题对于选民的政治偏好和政党的政策取向产生不容忽视的影响。主流政党政策趋同化的传统越来越难适应社会结构异质化、选举议题多元化和选民偏好差异化的趋势，欧洲政治呈现政党格局极化和碎片化并存、主流政党民粹化和民粹政党主流化并存的景象。在外部环境发生重大变化之际，英国工党通过调整政策供给来回应核心议题、政党竞争和选民需求的快速变化，呈现不同于“第三条道路”时期的左转态势。

（一）经济危机和英国工党经济政策走向

国际金融危机带来的冲击尚未结束，欧洲就爆发了主权债务危机。主权债务指一个国家以主权作为担保对外借来的债务，一旦债务比例大幅上升导致政府出现无法偿还的风险，就会引发主权债务危机。在欧元区实行统一的货币政策后，统一的货币政策和分散的财政政策并存，导致欧元区国家无法运用利率、汇率等货币政策手段作为调节经济运行的重要工具，只能采用单一的财政政策来刺激经济和应对冲击，埋下了经济危机的风险隐患。

在欧元区国家中，希腊的经济基础和国际竞争力相对偏弱，财政赤字和社会福利水平偏高，外汇收入高度依赖海运、旅游和侨汇。国际金融危机爆发后，希腊国内居民消费、国外旅客人数和对外贸易数额均大幅减少，国家经济状况和财政状况恶化。希腊政府向商业银行提供了 280 亿欧元的救助资金，避免银行业受到次贷危机的冲击。2009 年上台执政的泛希腊社会主义运动发现上任政府留下巨额财政赤字后，对外公开宣布希腊政府财政赤字和公共债务占国内生产总值的比重将远超欧盟《稳定与增长公约》规定的上限。随后，全球三大评级公司标准普尔、穆迪投资者服务公司和惠誉国际信用评级公司不断下调希腊主权债务评级，进一步加大了希腊从国际资本市场融资的难度。在欧元区使用统一货币的背景下，希腊债务危机发生了溢出效应，对欧元和其他国家造成了冲击。葡萄牙、西班牙、爱尔兰、意大利等财政状况欠佳国家的主权信用评级均被下调。最终，始于希腊的债务危机蔓延到其他国家，演变为欧洲主权债务危机。

在主权债务危机的冲击下，欧洲经济再次陷入衰退。欧洲各国公共债务不断增长，希腊、意大利等国家的公共债务占国内生产总值的比例甚至超过了 100%。面对严峻的经济形势和财政状况，希腊、爱尔兰、葡萄牙、西班牙等国家先后接受了来自欧盟委员会、欧洲央行和国际货币基金组织“三驾马车”（The Troika）的资金援助及其约束条件。三大国际组织负责主导受资助国家的经济形势分析、外部援助方案及其监督实施。其中，欧盟委员会侧重协调救助债务危机国家和推进一体化改革，欧洲央行侧重货币政策和流动性方面，国际货币基金组织则负责提供贷款和监督救助方案实施。受资助的国家按照救助协议的规定，需要采取一系列财政紧缩和经济改革措施。

欧盟要求各国加强财政纪律，实现财政赤字不超过国内生产总值 3% 的目标，规定欧元区成员国履行“财政契约”，将预算平衡的内容加入本国法律体系。社会民主党陷入了坚守理念、坚持刺激需求与适应现实、接受紧缩政策的两难境地，最终接受、追随甚至积极推行财政紧缩政策和结构性改革。从 2010 年起，泛希腊社会主义运动、西班牙工人社会党、葡萄牙社会党等处于执政地位的社会民主党纷纷削减公共开支，减少公共投资，旨在降低赤字水平和控制债务规模。法国社会党 2012 年上台后，从质疑紧缩政策转向实施紧缩政策。意大利民主党 2013 年执政后也延续前任政府财政紧缩和劳动力市场改革的做法。德国社会民主党、爱尔兰工党、荷兰工党、芬兰社会民主党等参与右翼政党联合政府，同样支持财政紧缩的做法。

英国与欧元区国家联系紧密，同样受到新一轮经济危机的波及。支柱产业尚未恢复和产业转型举步维艰导致英国经济复苏步伐放缓，国内生产总值增长率没有达到政府的预期。（如表 2.1）

表 2.1　英国和欧盟国家国内生产总值增长率（单位：%）①

国家＼年份	2007	2008	2009	2010	2011	2012
英国	2.3	–0.2	–4.2	2.1	1.5	1.5
德国	3.0	1.0	–5.7	4.2	3.9	0.4
法国	2.4	0.3	–2.9	1.9	2.2	0.3
欧盟国家平均值	3.1	0.6	–4.3	2.2	1.8	–0.7

在经济危机的背景下，银行救助支出的增加和政府税收金额的下降导致公共债务明显上升（如表 2.2），超出了欧盟《稳定与增长公约》建议的 60% 上限。英国的财政赤字率也持续高于欧盟国家的平均水平（如表 2.3）。

表 2.2　英国和欧盟国家公共债务占国内生产总值比重（单位：%）②

国家＼年份	2007	2008	2009	2010	2011	2012
英国	40.5	51.8	68.6	74.4	80.3	82.1
德国	64.2	65.7	73.2	82	79.4	80.7
法国	64.5	68.8	83.0	85.3	87.8	90.6
欧盟国家平均值	62.2	65.0	75.7	80.4	81.7	84.6

① The World Bank, "GDP Growth (Annual %)", https://data.worldbank.org/indicator/NY.GDP.MKTP.KD.ZG?end=2012&start=2007.

② Eurostat, "General Government Gross Debt", https://ec.europa.eu/eurostat/databrowser/view/sdg_17_40/settings_1/table?lang=en; Office for National Statistics, "UK Government Debt and Deficit Statistical Bulletins", https://www.ons.gov.uk/economy/governmentpublicsectorandtaxes/publicspending/bulletins/ukgovernmentdebtanddeficitforeurostatmaast/previousReleases.

表 2.3 英国和欧盟国家财政赤字占国内生产总值比重（单位：%）①

国家＼年份	2007	2008	2009	2010	2011	2012
英国	−2.9	−6.8	−10.0	−8.7	−7.4	−7.3
德国	0.3	−0.1	−3.2	−4.4	−0.9	0.0
法国	−2.6	−3.3	−7.2	−6.9	−5.2	−5.0
欧盟国家平均值	−0.5	−2.0	−6.0	−6.0	−4.1	−3.6

以戴维·卡梅伦（David Cameron）为首相的保守党和自由民主党联合政府于 2010 年组建后，把处理债务问题视为最紧迫的任务。财政大臣乔治·奥斯本（George Osborne）制定了用四年时间实现预算平衡的目标，推出削减政府部门预算、裁减公共部门职员、冻结公共部门人员工资、提高个人缴纳养老金比例、延迟退休年龄等措施。在严厉的财政紧缩政策下，英国的财政赤字率有所下降，从 2009—2010 财政年度的 10.0% 降至 2014—2015 财政年度的 5.0%。但是，英国的公共债务依然保持上升势头，从 2009—2010 财政年度占国内生产总值的 68.6% 升至 2014—2015 财政年度的 84.9%。②

随着执政时间的推移，卡梅伦政府应对经济衰退的能力受到质疑，财政紧缩政策对于经济增长和社会生活的负面效应也引发争议。2011 年年底，超过 200 万公共部门人员参加罢工，反对卡梅伦政府改革公共部门养老金的方案，为 20 世纪 80 年代矿工大罢工以来英国规模最大的罢工活动。不过，英

① Eurostat，“Government Deficit/Surplus，Debt and Associated Data”，https://ec.europa.eu/eurostat/databrowser/view/gov_10dd_edpt1/default/table?lang=en; Office for National Statistics，“UK Government Debt and Deficit Statistical Bulletins”，https://www.ons.gov.uk/economy/governmentpublicsectorandtaxes/publicspending/bulletins/ukgovernmentdebtanddeficitforeurostatmaast/previousReleases.

② Office for National Statistics，“UK Government Debt and Deficit Statistical Bulletins”，https://www.ons.gov.uk/economy/governmentpublicsectorandtaxes/publicspending/bulletins/ukgovernmentdebtanddeficitforeurostatmaast/previousReleases.

国民众对于紧缩政策的认知变化和容忍程度总体上不利于处于反对党位置的工党。英国社会态度（British Social Attitudes）的调查显示，2011 年只有 28% 的受访者赞同“即使增加税收政府也应该加大福利开支”，大幅低于 1991 年经济衰退时期 58% 的比例。① 在 2011 年舆观（YouGov）开展的多次民调中，平均 35.2% 的受访者认为通过削减开支来降低政府债务有利于经济，48.4% 选择“不利于”。到了 2014 年，平均 43.8% 的受访者认为“有利于”，只有 36.6% 选择“不利于”。该调查还显示，认为政府削减开支影响自己生活的受访者比例逐年降低，把政府削减开支归咎于保守党和自由民主党联合政府的受访者一直少于归咎于上一任工党政府。②

上一任工党政府造成的财政问题被视为卡梅伦政府推行紧缩政策的原因，以至于米利班德时期的工党未能展现反紧缩政党的形象。③ 米利班德曾经到现场声援英国工会联合会组织的反紧缩示威活动，批评卡梅伦政府削减公共开支的做法不能解决英国的问题。但是，米利班德时期的工党作为反对党，与卡梅伦政府围绕财政紧缩问题的分歧并不显著，更多体现为具体政策实施的轻重缓急。在 2010 年 9 月的工党年会上，刚当选党魁的米利班德认为促进经济增长对于降低赤字同样重要，但表示不会反对联合政府削减开支的举措，强调工党赢得大选上台也会延续削减开支的必要做法。④ 在 2013 年工党全国政策论坛上，米利班德强调，工党会遵循应对时代挑战所需要的财

---

① Alison Park, et al. “British Social Attitudes 29”, https://www.bsa.natcen.ac.uk/media/38852/bsa29_full_report.pdf.

② YouGov, “Government Cuts”, https://d25d2506sfb94s.cloudfront.net/cumulus_uploads/document/xjt2iq1a7v/YG%20trackers%20-%20Government%20Cuts.pdf.

③ Björn Bremer and Sean McDaniel, “The Ideational Foundations of Social Democratic Austerity in the Context of the Great Recession”, *Socio-Economic Review*, Vol.18, No.2, 2020, p.453.

④ Labourlist, “The New Generation: Ed Miliband’s Leadership Speech”, https://labourlist.org/2010/09/the-new-generation-ed-milibands-leadership-speech/.

政纪律，不会改变联合政府削减开支的财政预算案。[①] 工党 2015 年竞选纲领开篇就强调预算责任锁定，并承诺：年度预算由预算责任办公室独立核实；所有施政计划以不增加借贷为基础，通过削减医疗、教育和国际开发以外的开支和增加额外收入来予以支付；工党执政后将逐年减少赤字和降低债务，任期内尽快实现财政盈余。[②]

财政紧缩只是应对经济危机的权宜之计。米利班德时期工党左翼团体"蓝色工党"（Blue Labour）针对新工党时期的执政实践和经济危机暴露出来的深层次问题，反对资本的无上权力，认为英国几乎所有机构都是资本控制下的最野蛮的现代化论者，几百年来资本及其机构的运行方式都没有改变，从而不断使劳工从属于资本；主张工党要重新批判资本，组织抵抗资本的力量，复兴抵御资本权力的运动，反对金融资本，推进市场民主化。[③] 不过，米利班德没有回到社会主义替代资本主义的传统路径，而是提出"建设负责任的资本主义"（Building a Responsible Capitalism）的改良目标。他指出，英国经济要以不同的方式来实现平衡，打造更有活力和更有创新性的制造业；要更加关注长期的、具有生产力的财富创造活动，而不是短期的、具有掠夺性的投机行为；要提供更多和更好的就业机会。他认为，"负责任的资本主义"是金融业和其他行业的另一种形式的平衡，鼓励企业立足长远，为全体民众提供有适当回报的工作。为此，政府要在制定市场规则方面发挥关键作用，在塑造更具有弹性、竞争力、可持续性和公平性的经济方面发挥更加积极的作用，要改革中小企业融资体制、英国股票市场、英国产业政策、工作技能

---

① Labourlist, "The Discipline to Make a Difference-Ed Miliband's National Policy Forum Speech", https://labourlist.org/2013/06/the-discipline-to-make-a-difference-ed-milibands-national-policy-forum-speech/.

② Labour Party, "The Labour Party Manifesto 2015", http://www.maniffesto.com/wp-content/uploads/2015/08/BritainCanBeBetter-TheLabourPartyManifesto2015.pdf.

③ 来庆立：《革新将从"新工党"和"蓝色工党"的结合开始——英国工党对未来的政治理念和实践走向展开讨论》，载《当代世界与社会主义》，2012 年第 5 期，第 70—71 页。

政策和缺乏竞争力的市场。①

米利班德积极倡导的“全民国家”(One Nation)理念引起了党内外的关注。其中，“全民国家经济”(One Nation Economy)提出，英国需要再次建立为了所有劳动者的经济。劳动者是英国最伟大的财富，他们变得好英国也会变得好。具体而言，“全民国家经济”的政策框架涵盖公平削减赤字、支持小企业和绿色经济、构建“全民国家”银行体系、建立民众能够信任的能源市场、注重经济长远发展、支持被遗忘的50%群体、控制社会保障体系开支等内容。②

从 2013 年起，欧洲经济开始温和复苏，2017 年欧盟成员国经济十年来首次全部出现正增长。英国经济出现连续增长，2014 年经济增长率首次超过了国际金融危机之前的增速。此后，由于“脱欧”公投带来的不确定性和产业结构存在的固有问题，英国经济增速放缓，增长动力不足。(如表 2.4)

表 2.4　英国和欧盟国家国内生产总值增长率 (单位：%) ③

国家＼年份	2014	2015	2016	2017	2018	2019
英国	2.9	2.4	1.7	1.7	1.3	1.4
德国	2.2	1.5	2.2	2.7	1.1	1.1
法国	1.0	1.1	1.1	2.3	1.9	1.8
欧盟国家平均值	1.8	2.3	2.0	2.6	1.9	1.8

欧洲各国财政状况明显改善，公共债务占国内生产总值比重呈下降趋势。绝大部分国家财政赤字低于 3%，英国的财政赤字率也逐渐降至 3% 以内。(如表 2.5)

---

① Ed Miliband, “Building a Responsible Capitalism”, *Public Policy Research*, Vol.19, No.1, 2012.

② Labour Party, “One Nation Economic”, http://www.yourbritain.org.uk/uploads/editor/files/ONE_NATION_ECONOMY_2013.pdf.

③ Eurostat, “Real GDP Growth Rate”, https://ec.europa.eu/eurostat/databrowser/view/tec00115/default/table?lang=en.

表 2.5　英国和欧盟国家财政赤字占国内生产总值比重（单位：%）[1]

国家 \ 年份	2014	2015	2016	2017	2018	2019
英国	–5.0	–4.3	–2.7	–2.6	–1.8	–2.7
德国	0.6	1.0	1.2	1.3	1.9	1.5
法国	–3.9	–3.6	–3.6	–3.0	–2.3	–3.1
欧盟国家平均值	–2.4	–1.9	–1.4	–0.8	–0.4	–0.5

基于德国经验和主张的财政紧缩政策对欧盟各国经济增长和就业扩大的消极影响饱受诟病。普通民众难以看到财政紧缩的积极作用，却直接感受到生活状况的持续恶化。南欧地区的西班牙工人社会党、葡萄牙社会党、泛希腊社会主义运动等执政党相继败选下台，欧洲工会联盟发起的"欧洲团结行动日"大罢工获得了 20 多个国家数百万人的响应。反紧缩运动在欧洲各地此起彼伏，反紧缩政党取得选举进展。

经济复苏迹象出现和公共财政状况改善，为各国政府刺激经济增长和扩大公共开支提供了政策空间。欧盟的财政政策要求也有所调整，注重兼顾经济增长和公共投资。在反财政紧缩的社会氛围下，欧洲社会党在 2014 年题为"面向新欧洲"（*Towards a New Europe*）的欧洲议会竞选纲领中，抨击财政紧缩政策损害经济发展和民众利益，主张国家预算要有更大的投资空间，强调就业优先、重启经济和改变紧缩，引入富有雄心的欧洲产业政策，大力支持社会经济、中小企业和创新绿色技术。

各国社会民主党对于财政紧缩的立场出现了显著分化。德国社会民主党

① Eurostat, "Government Deficit/Surplus, Debt and Associated Data", https://ec.europa.eu/eurostat/databrowser/view/gov_10dd_edpt1/default/table?lang=en; Office for National Statistics, "UK Government Debt and Deficit Statistical Bulletins", https://www.ons.gov.uk/economy/governmentpublicsectorandtaxes/publicspending/bulletins/ukgovernmentdebtanddeficitforeurostatmaast/previousReleases.

自 2013 年起参与联盟党主导的大联合政府，曾经批评财政紧缩的政策，但没有根本改变预算平衡的方针。德国社会民主党不愿提出更激进的经济政策来展现自己的全新形象，也缺乏挑战保守主义主流经济话语的连贯叙事。①相比之下，科尔宾时期的英国工党大幅转向反财政紧缩的立场，进一步拉大和保守党的政策差异，其经济政策的调整幅度和方向明显不同于德国社会民主党和法国社会党。（如表 2.6）

表 2.6　英国和欧盟国家政党的经济议题立场②

国家＼年份	1999	2002	2006	2010	2014	2019
英国工党	4.8	5.2	4.4	4.0	3.8	1.9
英国保守党	7.6	8.0	7.0	7.6	7.8	7.0
德国社会民主党	4.0	3.5	3.3	3.0	3.5	3.7
法国社会党	3.5	4.0	2.1	2.4	3.8	3.1

2015 年大获全胜的保守党单独执政后，出于解决财政赤字、实现财政盈余的考虑，延续财政紧缩做法，进一步削减公共支出。经历了数年的财政紧缩之后，社会中下层被剥夺感、不安全感上升，对政治精英的不满和不信任加剧。大选结束后，伦敦、利物浦、格拉斯哥等地发生大规模的反紧缩示威游行。

接替米利班德担任工党领袖的科尔宾被视为党内强硬左翼的代表。他没

① Björn Bremer，“The Political Economy of the SPD Reconsidered: Evidence from the Great Recession”，*German Politics*，Vol.29，No.3，2020，p.458.

② Chapel Hill Expert Survey，“Datasets on Party Positions Across Europe”，https://www.chesdata.eu/our-surveys. 该数据库来自北卡罗来纳大学教堂山分校欧洲研究中心，通过专家评分的方式来评估欧洲各国政党在相关议题上的立场，数值 0 到 10 代表政治立场从左到右，本表格数值保留小数点后一位，评估年份为 1999 年、2002 年、2006 年、2010 年、2014 年和 2019 年。

有名校背景和大学学位，曾任工会职员和地方议员，1983 年首次当选下议院议员，随后连选连任。由于思想激进、政见独特和个性鲜明，科尔宾一直不受党内重视，被安排在工党议会党团的边缘位置，充当后座议员。科尔宾强烈反对“新工党”的主张，从 1997 年起有 533 次违反了工党议会党团的投票决定。① 他带有鲜明的左翼标签，自称“民主社会主义者”，被英国媒体称为“最左的领导人”“80 年代的政坛恐龙”“社会主义分子”等。“社会主义”是科尔宾经常使用的词汇，查韦斯则是他欣赏的政治人物。2015 年 7 月，科尔宾接受英国广播公司采访时毫不掩饰对马克思的钦佩，称马克思是人类生活和社会的伟大观察者。他认为，马克思富有魅力，分析事物鞭辟入里、洞若观火，令人获益良多。② 对于科尔宾当选工党新任党魁，《星期日电讯报》评论道：“工党没死，‘布莱尔主义’死了。科尔宾最终杀死了它。”③ “这实际上是工党普通党员对过去一个时期工党战略方向反抗的一种表现。”④

科尔宾认为，米利班德时期的工党依然过度倾向于工商业者的利益。在米利班德加强政府干预、提高社会福利、维护劳方权利等基础上，科尔宾的政策主张更加激进，延续并强化了工党的左转态势。例如，米利班德提出成立国家投资银行，科尔宾进一步提出设立 4000 亿英镑国家转型基金；米利班德提出改善基础设施，而科尔宾主张将关键行业重新国有化。如果说米利班德时期的工党在具体政策层面向左回调，那么科尔宾时期的工党则试图重振“老工党”的传统。

在财政紧缩政策的立场上，科尔宾和米利班德存在根本区别。科尔宾认

---

① Richard Swift，“Jeremy Corbyn”，*New Internalionalist*，November，2015，p.9.

② Graeme Demianyk，“Jeremy Corbyn Says ‘We All Owe Something’ to Karl Marx Amid Claims Far-Left Has Infiltrated Labour Leadership Race”，https://www.huffingtonpost.co.uk/2015/07/26/jeremy-corbyn-andrew-marr-labour-leadership-win_n_7873368.html.

③ Tim Stanley，“Labour Isn’t Dead，Blairism Is. Jeremy Corbyn Finally Killed It”，https://www.telegraph.co.uk/news/politics/Jeremy_Corbyn/11859889/Labour-isnt-dead-Blairism-is.-Jeremy-Corbyn-finally-killed-it.html.

④ 林德山：《十字路口的欧洲社会民主党》，载《人民论坛》，2016 年第 10 期，第 89 页。

为2015年大选失利的原因在于工党和保守党的区分度不够，尤其是财政紧缩的问题。2015年竞选党魁期间，他就提出实施5000亿英镑公共投资项目的设想，是唯一抨击紧缩政策、主张利用公共投资带动经济增长的候选人。在投票支持科尔宾的受访者中，73%认为2015年工党败选的原因在于没有提供足够清晰的方案替代联合政府的紧缩政策，70%认为科尔宾的政策最适合于国家，65%认为他能够脱离“新工党”和“布莱尔主义”。上述数据均明显高于其他领袖候选人。①

科尔宾上任后，旗帜鲜明地反对财政紧缩的政策，激烈抨击保守党对崩溃的经济模式束手无策；认为财政紧缩纯属政治决定而不是必然的经济举措，指出保守党承诺消除赤字和债务，但私有化、自由放任、富人减税等做法无法带来经济持续增长；强调工党是反紧缩的政党，将终结财政紧缩的做法；倡导积极的财政政策，实行设立国家投资银行、大规模投资基础设施等扩张性财政政策，推动经济社会的发展。科尔宾高举重建和改造英国的旗帜，描绘了“21世纪社会主义”（21st Century Socialism）的蓝图，形成了左翼特色鲜明的政治纲领，被称为“科尔宾主义”（Corbynism）②。

竞选纲领是“科尔宾主义”的重要载体，也是工党政治理念和政策主张明显左转的重要表现。在2016年党内领袖选举中，科尔宾的核心主张发展为“十大承诺”（Ten Pledges）：充分就业和服务全民的经济、住房保障、劳动保障、国民医疗服务和社会关怀、面向全民的国民教育服务、环境保护行动、回归公共性的经济和服务、减少收入和财富不平等、维护社会平等、以和平与公正为核心的外交政策。即使是挑战科尔宾的影子内阁就业及退休保障大臣欧文·史密斯（Owen Smith），也表示要通过激进的工党政府开展“一场冷静、务实的社会主义革命”（a Cold-eyed，Practical，Socialist Revolution）。史密斯的20条竞选政策同样富有左翼色彩，包括提升工资水平、重设劳工

① YouGov，“YouGov / The Times Survey Results”，https://d25d2506sfb94s.cloudfront.net/cumulus_uploads/document/94enqtd1fz/LabourLeadership_150721_day_two_W.pdf.

② Will Davies，“What Was Corbynism?”，https://www.perc.org.uk/project_posts/what-was-corbynism/.

部门、提高富人税率、取消公司减税、启动 2000 亿英镑投资新政、兴建大批住房、增加医疗投入等内容，与科尔宾的具体政策主张有五条相同和八条部分雷同。①

科尔宾战胜党内挑战者后，把“十大承诺”提交到工党全国政策论坛，作为竞选和施政的政策框架。2017 年英国提前举行大选，工党的竞选纲领包含能源、铁路、邮政、水务国有化等内容，被科尔宾称为“现代进步社会主义政党的方案”（The Programme of a Modern Progressive Socialist Party）②。2019 年英国再次提前大选，工党的竞选纲领题为“是时候真正改变”（*It's Time For Real Change*），推出了一系列更有左翼色彩的政策主张，被称作“几十年来最激进的工党宣言”③。

科尔宾时期的工党彻底放弃了 20 世纪 80 年代以来英国“布莱尔主义”“共识政治”的中间路线，大幅转向了传统左翼，政治理念和政策主张呈现出完全不同于“第三条道路”时期的特点。有媒体甚至认为，工党宣言作为“社会主义蓝图”要把英国重新带回 40 年前。④

---

① Dan Bloom, “Owen Smith Makes 20 Pledges if He's Labour Leader–But How Many Has Jeremy Corbyn Suggested Before?”, https://www.mirror.co.uk/news/uk–news/owen–smith–makes–20–pledges–8502852.

② Jeremy Corbyn, “Grenfell Tower Tragedy an Indictment of Failed Housing Policies, Privatisation and Inequality”, https://labourlist.org/2017/09/grenfell–tower–tragedy–an–indictment–of–failed–housing–policies–privatisation–and–inequality–corbyn–speech–in–full/.

③ Chris Deerin, “Labour Has Its Most Radical Manifesto for Decades”, https://www.newstatesman.com/politics/staggers/2019/11/labour–has–its–most–radical–manifesto–decades–it–still–won–t–win–over.

④ The Editorial Board, “Labour's Manifesto Adds up to a Recipe for Decline”, https://www.ft.com/content/1b35a81e–0c5f–11ea–b2d6–9bf4d1957a67.

表 2.7　工党历次竞选纲领经济政策要点对比①

类别	2015 年	2017 年	2019 年
投资	成立英国投资银行，建立地区投资银行网络	成立国家投资银行，建立地区发展银行网络；设立国家转型基金，投资 2500 亿英磅推动经济升级	成立国家投资银行，建立地区发展银行网络；设立 4000 亿英磅国家转型基金；设立 1500 亿英磅社会转型基金更新和兴建学校、医院、护理中心、简易住宅
公共设施	改革能源市场，拆分六大能源巨头；改革自来水行业，帮助水费拮据者；改革交通体系，控制涨价	铁路、能源、自来水、邮政重新国有化	铁路、能源、自来水、邮政重新国有化；电信国有化，全民宽带免费；公交收归地方所有，25 岁以下免费
环保	2030 年供电无碳化	2030 年实现 60% 能源来自零排放或可再生资源	设立 2500 亿英磅绿色转型基金；国家投资银行贷款 2500 亿英磅推动绿色经济；创造 100 万个绿色岗位；21 世纪 30 年代实现能源零碳排放
税收	年收入 15 万英磅以上，所得税率从 45% 恢复到 50%；下调并冻结企业税率	年收入 12.3 万英磅以上所得税率为 50%；45% 所得税率起征点从年收入 15 万英磅降至 8 万英磅；增加大企业的公司税	年收入 12.5 万英磅以上所得税率为 50%；45% 所得税率起征点从年收入 15 万英磅降至 8 万英磅；公司税率逐步从 19% 增至 26%；征收石油公司暴利税

科尔宾时期和 20 世纪 80 年代初左翼领袖富特时期的工党竞选纲领都体现了政府干预和维护劳工的政治立场，提出了新设国家投资银行、重新国有

① http://www.labour.org.uk.

化、增加富人税收、提高社会福利等政策措施，但是工党的内部生态和外部环境已经发生了重大变化，科尔宾的政治理念和政策主张也不只是富特时期的简单重复。（如表 2.7 和图 2.1）

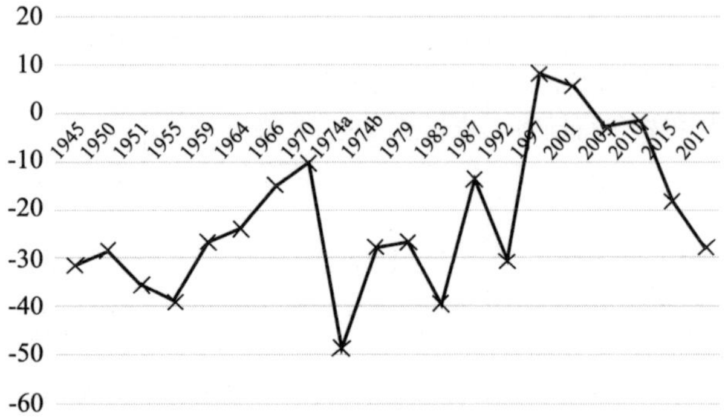

图 2.1　工党竞选宣言：左右立场赋值①

在公有制方面，富特时期工党处于 1964 年至 1979 年英国第二轮大规模国有化之后的经济环境，其主要诉求是将 1979 年开始执政的撒切尔政府出售的部分企业重新国有化，实行劳资合作的工业民主，以再分配政策来实现更大程度的平等。把公有制与社会平等联系起来是“老工党”的传统认知。经过从撒切尔政府到卡梅伦政府数十年的私有化进程，英国的国有企业已所剩无几，公有制和国有化也不再是工党内部争鸣和思想变迁的核心问题。科尔宾时期工党认为少数精英控制经济命脉是基本商品服务价格上升、质量下降的原因，因而试图通过重新国有化来改善公共服务，以地方政府、工会和工人三方代表组成的企业管理层来克服过去专家小组管理国企的弊病。面对工党“现代化”以后的既定事实和历史方位，面对立场更倾向于传统左翼的大批新党员，科尔宾只是重拾国有化的传统，而没有重启党章核心表述的修订。（如表 2.8）

① 负数代表左翼程度，正数代表右翼程度。Rob Manwaring and Evan Smith，“Corbyn，British Labour and Policy Change”，*British Politics*，Vol.15，No.1，2020，p.32.

表 2.8 英国工党竞选纲领国有化内容占竞选纲领比例（单位：%）①

年份	1979	1983	1987	1992	1997	2001
数值	4.00	2.60	1.07	0.60	0.96	0.00
年份	2005	2010	2015	2017	2019	/
数值	0.18	0.00	0.29	2.86	2.17	/

在经济政策方面，富特时期工党主张政府干预和公共投资，富有计划经济的色彩，主要目标在于刺激经济发展和创造就业岗位，以应对当时英国严重的失业问题。科尔宾时期工党倡导建立国家投资银行、国家转型基金、社会转型基金、绿色转型基金，是反思新自由主义私有化、市场化的对策，重新发挥政府在推动经济社会发展方面的重要作用，旨在以长期规划和政府干预来克服过度市场化所带来的短视逐利弊病，扶持高科技产业和中小企业，解决英国资本金融化、产业空心化背景下的产业升级和低技能劳动力再就业问题。（如表 2.9）

表 2.9 英国工党竞选纲领市场管理内容占竞选纲领比例（单位：%）②

年份	1979	1983	1987	1992	1997	2001
数值	1.90	4.20	3.20	3.10	2.16	0.60
年份	2005	2010	2015	2017	2019	/
数值	2.24	2.03	8.12	3.76	7.63	/

此外，1983 年工党竞选纲领形成于国际两大阵营对峙、国内工人运动兴盛的时代背景，使用了“社会主义复兴计划”“社会主义政策”“社会主义政府”“社会主义社会”等表述，试图通过大规模改革来实现有利于劳动人民

① “Manifesto Project Dataset”, https://manifesto–project.wzb.eu/datasets. 该数据库对竞选纲领进行编码，通过议题占纲领编码文本的百分比来反映政党对于议题的重视程度。本表格选取政党纲领项目数据库中的“国有化”（413 Nationalisation: positive）数据，保留小数点后两位。

② 本表格选取政党纲领项目数据库中的“市场管理”（403 Market Regulation）数据，保留小数点后两位。

及其家庭的权利和财富的根本改变，意识形态色彩浓厚。“左派的分析非常简单：替代经济战略能够阻止英国历史性的经济衰退，能够为社会主义开辟道路。”① 即使遭遇了大选的历史性惨败，左翼领袖托尼·本依然视工党获得的 845 万张选票为社会主义的重要进展。相比之下，2019 年工党竞选纲领主要使用了平等、公平、正义之类的温和话语，仅在强调国家医疗服务体系重要性时提及了一次“社会主义”。可见，在英国新自由主义“共识政治”持续30余年之后,科尔宾引领的激进左转属于在经过现代化并且大幅右转的“新工党”基础上的向左回调，并非实现“老工党”的完全回归。

（二）社会危机和英国工党社会政策走向

充分就业和福利制度作为二战结束后欧洲缓和社会矛盾和维护社会稳定的重要支柱，其经济基础和社会基础从 20 世纪 70 年代石油危机开始出现了动摇。国际金融危机和主权债务危机爆发后，欧洲陷入经济衰退，企业大量破产，投资复苏步伐放缓，新增就业人数明显下降，部分国家失业率在高位徘徊，一部分民众处于长期失业状态。（如表 2.10）

表 2.10　英国和欧盟部分国家失业率（单位：%）②

年份 / 国家	2010	2011	2012	2013	2014	2015	2016	2017	2018
英国	7.9	8.1	8.0	7.6	6.2	5.4	4.9	4.4	4.1
德国	7.0	5.8	5.4	5.2	5.0	4.6	4.1	3.8	3.4
法国	9.3	9.2	9.8	10.3	10.3	10.3	10.1	9.4	9.0
欧盟国家平均值	9.9	9.9	10.9	11.4	10.9	10.1	9.2	8.2	7.3

① 唐纳德·萨松著，姜辉等译：《欧洲社会主义百年史（下）：二十世纪的西欧左翼》，北京：社会科学文献出版社，2013 年版，第 801 页。

② Office for National Statistics，“Unemployment Rate（Aged 16 and Over，Seasonally Adjusted）”，https://www.ons.gov.uk/employmentandlabourmarket/peoplenotinwork/unemployment/timeseries/mgsx/lms; Eurostat，“Unemployment by Sex and Age”，https://ec.europa.eu/eurostat/databrowser/view/UNE_RT_A_custom_1351891/default/table?lang=en.

一些国家 25 岁以下青年失业率居高不下，英国的青年失业率一度升至 20% 以上（如表 2.11）。经济低迷和失业率高企长期共存，对普通民众造成了较大冲击。在“欧洲晴雨表”（Eurobarometer）关于“本国面临最重要的两个问题”民意调查中，失业问题于 2012 年和 2013 年均位居英国受访者选择的首位。

表 2.11　英国和欧盟部分国家青年失业率（单位：%）①

国家＼年份	2010	2011	2012	2013	2014	2015	2016	2017	2018
英国	19.6	21.1	21.0	20.5	16.8	14.5	12.9	12.0	11.2
德国	9.8	8.5	8.0	7.8	7.7	7.2	7.1	6.8	6.2
法国	22.4	21.8	23.5	23.9	24.1	24.5	24.3	22.0	20.6

就业人口的收入状况同样不容乐观。统计数据显示，2008 年至 2014 年英国大部分群体收入缩水，男性和女性的实际时薪中位数分别下降了 7.3% 和 2.5%。② 欧洲仅有少数国家 2010 年至 2017 年期间实际工资水平的增速超过了 2000 年至 2009 年，大部分国家实际工资水平停滞不前，甚至出现了连续数年的负增长。例如，英国 2009 年实际收入水平比 2000 年提高了 19%，但 2017 年实际收入水平就比 2010 年下降了 2.4%。③

① Eurostat, “Youth Unemployment Rate–% of Active Population Aged 15–24”, https://ec.europa.eu/eurostat/databrowser/view/tipslm80/default/table?lang=en; Ststista, “Youth Unemployment Rate in France in 2019”, https://www.statista.com/statistics/811991/youth–unemployment–rate–in–france/; Ststista, “United Kingdom: Youth Unemployment Rate from 1999 to 2019”, https://www.statista.com/statistics/813142/youth–unemployment–rate–in–the–united–kingdom/.

② Institute for Fiscal Studies, “Men and Younger Workers See Biggest Falls in Pay; Low–Paid See Smaller Falls Than Those on Higher Earnings”, https://ifs.org.uk/publications/7544.

③ European Trade Union Institute, “Benchmarking Working Europe 2018”, https://www.etui.org/publications/books/benchmarking–working–europe–2018.p.56.

失业问题加剧和收入水平下降导致家庭债务恶化、中产阶级萎缩和贫困人口增加。“流离失所已不再是长期遭受社会问题的中年男性所独有的属性，越来越多的家庭、青年人和移民也开始面临这样的困境。”[①]2010 年至 2018 年期间，英国处于贫困和社会排斥风险的总人口比例年均值为 23.0%，2013 年达到 24.8%。[②]

随着经济危机演变为民生问题和社会危机，普通民众对福利制度产生了更多的诉求和依赖。然而，长期实行的新自由主义政策和应对危机的财政紧缩政策削弱了福利制度的保障能力。2012 年，英国议会通过了福利改革法案，开启了大规模社会保障制度改革。卡梅伦政府出于避免老年选票流失和减轻福利改革阻力的考虑，把削减福利的重点放在青年和其他弱势群体。从 2010 年到 2018 年，英国通过社会转移支付降低贫困风险人口的总比例从 44.84% 降至 36.08%。[③]

在经济危机的背景下，充分就业和福利制度难以为继，收入不平等和财富不均衡的趋势却依旧延续。“联合政府的‘减税减赤’的双减政策和英国经济的恢复性增长在一定程度上使贫富差距有所拉大。”[④] 在 2016 年“欧洲晴雨表”关于“欧盟面临最主要的挑战”民意调查中，有 36% 的受访者选择社会不平等，仅次于失业问题。[⑤] 对比 2010 年和 2018 年的《全球财富报告》（*The Global Wealth Report*），英国财富基尼系数升高，财富低于 1 万美元的成年人比例上升，社会财富积累两极分化趋势依然突出。（如表 2.12）

① 张金岭：《欧盟社会：社会局势日益复杂》，载黄平等主编：《欧洲发展报告（2016—2017）》，北京：社会科学文献出版社，2017 年版，第 52 页。

② Eurostat, “People at Risk of Poverty or Social Exclusion”, https://ec.europa.eu/eurostat/databrowser/view/t2020_50/default/table?lang=en.

③ Eurostat, “Impact of Social Transfers (Excluding Pensions) on Poverty Reduction by Sex”, https://ec.europa.eu/eurostat/databrowser/view/tespm050/default/table?lang=en.

④ 宋云峰：《2014—2015 年的英国社会：移民政策与种族关系成为关注焦点》，载王展鹏主编：《英国发展报告（2014—2015）》，北京：社会科学文献出版社，2015 年版，第 190 页。

⑤ European Commission, “Special Eurobarometer 451”, https://data.europa.eu/data/datasets/s2131_86_1_451_eng?locale=en.

表 2.12　英国和部分欧盟国家贫富分化状况 ①

	收入分配不平等系数		财富低于 1 万美元成年人比例		财富基尼系数	
年份 国家	2010	2018	2010	2018	2010	2018
英国	5.35	5.63	12.5%	17.5%	0.717	0.747
法国	4.43	4.23	10.8%	13.9%	0.758	0.687
德国	4.49	5.07	27.7%	40.6%	0.684	0.816

普通民众承受着减少公共开支和削减社会福利的代价，却未能及时享受到结构性改革的红利，一部分群体的“被剥夺感”不断累积。由于社会中下层的不安全感和不公平感较长时间没能获得有效缓解，弱势群体处境愈加艰难，社会排斥问题更加突出，社会抗议运动接连不断。

保守党和工党均对英国社会民生问题作出了不同程度的回应。卡梅伦是保守党“大社会”理念的积极倡导者。他认为，中央政府的职能不能过度集中，志愿组织和社区精神具有重要价值；民众要积极作出贡献，更多参与国家管理和社会生活，改变工党执政时期民众过度依赖政府解决问题的习惯；保守党能够提高英国民众生活水平，促进社会合平，而不是只为“富人”服务的政党，不会重新回到帮助富人、忽视穷人的传统。卡梅伦还提出了“富有同情心的保守主义”，在 2015 年竞选纲领中强调民生问题，提出加大医疗投入、改进医疗服务、改善住房条件、增加住房供给、减轻育儿负担等主张。

2016 年接替辞职的卡梅伦而就任首相的特蕾莎・梅（Theresa May）表示，“脱欧”公投暴露出英国社会的严重分化，政府将更加重视促进社会公平和回应中下层民众诉求，要建设为所有人而非少数特权者服务的国家。然

① Eurostat，“Inequality of Income Distribution”，https://ec.europa.eu/eurostat/databrowser/view/tespm151/default/table?lang=en; Credit Suisse，“The Global Wealth Report”，https://www.credit-suisse.com/about-us/en/reports-research/global-wealth-report.html.

而，强调社会平等的政治口号不会立即改变市场导向的现实政策。2015 年至 2016 年保守党政府引发争议的社会政策或改革总体反映了“实现其竞选许诺与现实中可用手段有限之间的矛盾，以及在本届政府任期内消灭赤字的理想目标与为实现这一目标而不得不拆东墙补西墙或削减政府预算（尤其是福利预算）之间的矛盾”①。

工党再度转向自身的传统价值观来分析危机根源，各派纷纷反思“新工党”的理论和实践，寻找带领英国摆脱困境的办法。2009 年，工党议员乔恩·克鲁达斯（Jon Cruddas）和德国社会民主党副主席安德丽亚 · 纳勒斯（Andrea Nahles）合作起草了名为“建设美好社会”（*Building The Good Society*）的战略纲领，旨在替代“第三条道路”和新自由主义模式。2011 年工党右翼发布的《紫皮书：工党的进步主义未来》（*Purple Book*：*A Progressive Future for Labour*）坚持争取中间阶层选民的做法，属于对于“新工党”的另一种反思。同年发布的《黑色工党》（*Black Labour*）则建议工党把推动社会公正和财政紧缩政策结合起来。“蓝色工党”主张从新自由主义转向基尔特社会主义，宣扬“互惠、互助、团结”和“信仰、家庭、旗帜”的理念，强调赢回蓝领支持、限制资本力量、重视社区作用等做法。“蓝色工党”尝试发掘工党的思想遗产和传统价值，对米利班德产生较大影响。

“全民国家社会”（One Nation Society）属于米利班德“全民国家”构想的一部分，旨在帮助建立更强大的社会，让每个人都感受到能加入建设英国的未来。米利班德指出，工党要纠正“新工党”的弊病，培养全社会尤其是上层群体的责任感，建设团结而不是分裂的英国。②在具体措施方面，工党主张改进公共服务体系，构建良性平衡的工作和家庭关系，提高教育质量，

① 宋云峰：《理想与现实，许诺与兑现——英国新一届保守党政府的社会政策》，载王展鹏主编：《英国发展报告（2015—2016）》，北京：社会科学文献出版社，2016 年版，第 242 页。

② “Ed Miliband's Speech to the Fabian Society New Year Conference 2013”，https://fabians.org.uk/ed-milibands-speech-to-the-fabian-society-new-year-conference-2013/.

整合个人护理服务，支持和奖励民众创新，大力兴建住房，保障社区安全。[①] 针对低收入家庭的生活问题，米利班德倡导推行最低生活工资，使雇员薪酬高于最低工资标准，保障社会底层的基本生活质量。针对英国能源和燃料价格上涨的问题，米利班德主张建立能源监管体系，推动能源结构改革，冻结能源和燃料价格。工党2015年大选纲领题为“只有劳动者成功，英国才能成功”（*Britain Only Succeeds When Working People Succeed*），旗帜鲜明宣布建设一个“重新为劳动者服务的国家”。

与米利班德相比，科尔宾延续了加大公共投资、强调社会公平、缩小贫富差距、维护工薪阶层、反对削减福利、反对国家医疗服务私有化等立场。在此基础上，科尔宾猛烈批评保守党政府服务于少数特权者，破坏了福利国家；英国有600万劳动者达不到最低工资标准，新建住房数量是20世纪20年代以来最少的；不平等、不安全、偏见、歧视、忽视成为英国社会的五大弊病。科尔宾更加强调社会平等价值，更加重视社会民生领域，更加注重政府干预手段，彰显了工党传统左翼的鲜明特色。工党以“为了多数人，而非少数”（*For the Many, Not the Few*）作为2017年竞选纲领标题，涵盖增加富人和大公司税收、废除公共部门工资上限、提高最低工资、增加就业津贴、免除大学学费、恢复大学助学金、提供住房补贴、兴建大批廉租房、普及免费儿童保育、定期提高养老金、停止国家医疗服务私有化等内容。

以英国工党和德国社会民主党为主要成员的“进步联盟”（Progressive Alliance）2017年发布了政策文件《塑造未来——推动全球社会和生态转型》（*Shaping Our Future: Working Towards a Global Social and Ecological Transformation*），强调新形势下有效保护就业和劳动者权益需要制定长期就业战略，根据市场需求创新教育和培训的方式和内容，在制定财政和货币政策时充分考虑就业状况；切实保护劳动者权益，积极推动落实国际劳动组织所规定的劳动者权益，确保所有劳动者享有社会保险和最低工资；强化工会力量和作

① Labour Party, “One Nation Society”, http://www.yourbritain.org.uk/uploads/editor/files/SOCIETY_one_nation.pdf.

用，提高工会在企业决策中的话语权，推动工会组织形式转型，打破传统地域概念，尝试从产业链、移民劳动群体等方向重新进行资源整合。[①]

工党 2019 年竞选纲领涵盖了免除大学学费、提供终身免费教育、提高医疗卫生支出、停止国家医疗服务体系私有化、建立国家护理服务体系等举措，还提出要设立 1500 亿英镑社会转型基金，更新和兴建学校、医院、护理中心、简易住宅。科尔宾希望构建的国家教育服务体系和国家护理服务体系更类似于国家医疗服务体系的拓展和补充，试图打造 21 世纪的福利国家，改善英国福利质量，筑牢社会民生底线，缓解长期财政紧缩背景下普通民众的压力，通过终身免费教育提升民众的知识和技能。在个体担负个人责任的前提下，科尔宾更注重运用补助资金、减免开支、提供服务等直接方式解决社会民生问题。（如表 2.13）

表 2.13　工党历次竞选纲领社会领域要点对比[②]

类别＼年份	2015	2017	2019
就业	最低时薪增至 8 英镑 禁止“零小时”合同	最低时薪增至 10 英镑；禁止“零小时”合同；撤销工会法，开展集体谈判	最低时薪增至 10 英镑；禁止“零小时”合同；废除工会限制，开展集体谈判；公司董事会三分之一为员工代表；大公司设立普惠所有制基金，员工持有 10% 公司所有权，平均分红
住房	每年新建 20 万套住宅 设置租金涨幅上限	新建 100 万套住宅，包括每年 10 万套简易房；设置租金涨幅上限	新建 100 万套住宅，包括每年 15 万套简易房；设置租金涨幅上限
教育	大学学费由每年 9000 英镑降至 6000 英镑	建立国家教育服务体系，提供终身免费教育免除大学学费，恢复生活补助	建立国家教育服务体系，提供终身免费教育；免除大学学费，恢复生活补助
医疗护理	停止国家医疗服务体系私有化；比保守党多投资 250 万英镑	停止国家医疗服务体系私有化；新增 300 亿英磅投入建立国家护理服务体系的基础	停止并逆转国家医疗服务体系私有化；资金投入年增长 4.3%；建立国家护理服务体系，65 岁以上提供免费护理

① 郭业洲主编：《当代世界政党形势（2017）》，北京：党建读物出版社，2018 年版，第 119 页。

② http://www.labour.org.uk.

政党“竞选纲领项目”的数据表明，与危机爆发之前相比，工党关于社会平等、福利国家和劳工阶层的关注度呈现回升趋势（如表 2.14），对于财富再分配的立场向左翼立场出现明显的回调（如表 2.15）。

表 2.14　平等、福利国家和劳工团体内容占竞选纲领比例平均值（单位：%）①

	平等：肯定态度		福利国家：扩张		劳工团体：肯定态度	
政党＼年份	2000—2009	2010—2019	2000—2009	2010—2019	2000—2009	2010—2019
英国工党	1.56	9.42	10.55	12.78	1.79	6.75
英国保守党	0.00	4.59	7.54	7.98	1.27	3.01
德国社会民主党	9.55	9.32	3.29	8.65	5.49	7.04
法国社会党	9.64	7.87	12.60	14.16	4.76	5.30

表 2.15　英国和欧盟部分国家政党关于财富再分配的立场②

政党＼年份	2006	2010	2014	2019
英国工党	4.3	3.3	3.3	1.5
英国保守党	7.6	6.6	6.8	6.6
德国社会民主党	2.8	3.0	3.2	3.0
法国社会党	2.8	2.3	3.0	2.2

① 本表格选取政党纲领项目数据库中的“平等：肯定态度”（503 Equality: Positive）、“福利国家：扩张”（504 Welfare State: Expansion）和“劳工团体：肯定态度”（701 Labour Groups: Positive）数据并取其平均值，保留小数点后两位。英国工党和保守党竞选纲领年份为 2001 年、2005 年、2010 年、2015 年、2017 年和 2019 年，德国社会民主党为 2002 年、2005 年、2009 年、2013 年和 2017 年，法国社会党为 2002 年、2007 年、2012 年和 2017 年。

② Chapel Hill Expert Survey，“Datasets on Party Positions Across Europe”，https://www.chesdata.eu/our-surveys. 数值 0 到 10 代表从强烈支持到强烈反对财富再分配，本表格数值保留小数点后一位，评估年份为 2006 年、2010 年、2014 年和 2019 年。

科尔宾时期工党的政策主张与国际金融危机以来表现活跃的欧洲激进左翼有相似之处。激进左翼属于左右政治光谱视野下位于工党、社会党、社会民主党左侧的政治力量，是反精英、反建制、反全球化情绪的代表，因而与工党内部左翼力量的立场比较接近。两者同样反对新自由主义、反对金融资本、反对社会福利私有化，也强调加强政府干预、维护福利制度、保护弱势群体和支持工会力量。“在全球化背景下，面对相似的经济与社会形势，英国工党的左翼力量实现复苏并非个案，而是欧洲激进左翼复苏的一个缩影。”[①]然而，在布莱尔政府时期“积极福利”取代“消极福利”的观念为英国民众所接受后，科尔宾时期工党大幅扩张福利范围和增加福利投入的承诺难以产生足够的吸引力，超出国家经济承受能力的承诺也削弱了福利方案的可行性和可信度。

（三）外来人口问题和英国工党移民难民政策走向

移民曾是二战后欧洲经济社会发展的重要人力资源。由于欧洲发达国家人口老龄化趋势明显，劳动力市场结构日益失衡，移民尤其是高素质技术移民对于补充劳动力市场、改善公共财政和促进经济发展起到积极作用。

英国拥有悠久的移民历史，在大英帝国时期曾是殖民地居民的迁入国。1973 年加入欧共体后，英国逐渐成为欧洲一体化进程的移民接收国。欧盟东扩后，大批人口从经济水平相对落后的中东欧国家迁徙到西欧地区。布莱尔政府奉行宽松包容的移民政策，大批外来移民进入英国。从 20 世纪 90 年代开始，英国移入移民人数持续超过移出移民人数，净移民从 1994 年的 7.7 万人上升到 2014 年的 31.3 万人。[②]从 2009 年到 2012 年，英国成为向移民提供

① 李华锋、董金柱等：《英国工党理论与实践专题研究》，北京：人民出版社，2017 年版，第 210 页。

② Office for National Statistics，“Long-Term International Migrants”，https://www.ons.gov.uk/peoplepopulationandcommunity/populationandmigration/internationalmigration/bulletins/longterminternationalmigrantsuk/2018.

公民身份最多的欧盟国家。[①] 英国社会的种族和文化多元化现象日益突出。

移民人数不断上升，经济低迷和财政紧缩对普通民众就业和福利造成冲击，外来人口出生率较高而融入度偏低，恐怖主义袭击和移民犯罪事件时有发生，民粹主义政客和政党不断煽动，这些都使得欧洲社会族群关系趋向紧张。“出于自身利益、民族认同、文化相融和国家安全等考虑，英国很多民众对于欧盟一体化政策下劳动力自由进入英国心存不满和不悦。”[②]2012 年英国社会态度调查结果显示，认为移民造成经济负面影响的受访者从 2002 年的 43% 增至 2011 年的 52%，认为移民造成文化负面影响的受访者从 2002 年的 33% 上升为 2011 年的 48%。[③] 在 2014 年“欧洲晴雨表”关于“本国面临最重要的两个问题”民意调查中，英国有 38% 的受访者选择移民问题。[④]

欧盟实行成员国内部人员自由流动的原则，英国经济也存在对外来劳动力的需求，但是卡梅伦政府依然采取限制移民及其福利的政策，设定 2015 年净移民数量控制在 10 万人以下的目标。2014 年新实施的移民管理办法规定，来自欧盟成员国的移民需要证明每周收入高于 149 英镑才能享受英国的福利待遇。[⑤]

在移民问题日益凸显的背景下，米利班德提出应对移民的措施，包括减少低技能移民，减少非欧盟国家移民，企业雇佣非欧盟国家移民必须培训相

① Eurostat，“Acquisition of Citizenship by Age Group，Sex and Former Citizenship”，https://ec.europa.eu/eurostat/databrowser/view/MIGR_ACQ_custom_1358226/default/table?lang=en.

② 刘春燕：《移民危机冲击下的英国社会分裂和治理困境》，载毛国民主编：《欧洲移民发展报告（2018）》，北京：社会科学文献出版社，2018 年版，第 179 页。

③ Alison park，et al.“British Social Attitudes 29”，https://www.bsa.natcen.ac.uk/media/38852/bsa29_full_report.pdf.p.26.

④ European Union，“Standard Eurobarometer 82”，https://europa.eu/eurobarometer/surveys/detail/2041.p.54.

⑤ “EU Migrants Must Earn £149 a Week to Claim Benefits”，https://www.bbc.co.uk/news/uk-politics-26254735.

同人数的英国学徒，企业对移民要遵守最低工资标准发放薪酬等。[①]尽管工党 2015 年竞选纲领肯定移民对于经济社会的重要贡献，批评压低移民工资和剥削移民劳工的非法行为，但是该纲领也提出适当控制移民数量和加强边境管控的相应举措，要求外来人口获得救济需要在英国居住两年以上，在公共服务部门工作的人员需要具备英语能力。

在移民问题尚未得到有效解决的背景下，2011 年西亚、北非地区出现政治动荡，尤其是叙利亚战争持续不断，导致大量难民通过正规或者非正规途径进入欧洲。欧洲接收外来难民数量的增速明显加快，爆发了二战后最严重的难民危机。1951 年《关于难民地位的公约》指出，难民的概念适用于任何"因有正当理由畏惧由于种族、宗教、国籍、属于某一社会团体或具有某种政治见解的原因留在其本国之外，并且由于此项畏惧而不能或不愿受该国保护的人；或者不具有国籍并由于上述事情留在他以前经常居住国家以外而现在不能或者由于上述畏惧不愿返回该国的人"[②]。按照《国际难民法》的"不推回原则"（Non-Refoulement），不允许任何国家把难民推回其生命或者自由可能受到威胁的地方。依据欧盟庇护体系的"都柏林规则"，庇护申请必须在申请者进入的欧盟国家进行审查，如果申请通过就只能在所申请的国家获得难民身份，即难民首次进入的国家负责原则。

2015 年，超过 100 万难民从北非和西亚地区涌入欧洲。此次难民危机的人口来源地主要是西亚、北非和西非地区，主体来源错综复杂，群体受教育程度和劳动技能偏低，普遍信奉伊斯兰教。大批难民短时间集中涌入欧洲，意大利、希腊等主要入境国和德国、瑞典等主要收容国备受考验，出现财政开支增加、公共资源紧张、社会治安恶化和文化冲突加剧等问题，民众排外情绪显著上升。部分恐怖分子夹杂在难民中间进入欧盟成员国，增加了防范

---

① Tim Ross，"Ed Miliband: Labour Will Cut Immigration If We Win Next Election"，https://www.telegraph.co.uk/news/politics/10326285/Ed-Miliband-Labour-will-cut-immigration-if-we-win-next-election.html.

② 国家宗教事务局政策法规司编：《国际文书有关宗教条款汇编》，北京：宗教文化出版社，2008 年版，第 61 页。

恐怖袭击的难度。

从 2016 年起，欧洲难民危机开始缓解，但是欧盟新增难民总人数年均 60 万以上，各国接收数量分布不均，主流政党也未能妥善处理难民危机和回应民众诉求。各国围绕难民问题的博弈折射出欧盟内部的深刻矛盾，各国执政联盟内部、执政党和在野党之间的争论同样制约着政府制定难民政策和进行难民管理。2018 年皮尤研究中心（Pew Research Center）的民调显示，英国、德国、法国、意大利和西班牙各有 37%、58%、41%、71% 和 30% 的受访者赞成减少或禁止外来人口移居本国。[①] 右翼民粹主义政党围绕就业机会、福利资源、本土文化、社会安全等议题来构建政策话语，迎合极端主义者、全球化失意者等社会群体的政策偏好和不满情绪，加上比例代表制有利于小党发展，从而使得这类政党连续取得突破，从边缘地位进入主流政治。

随着难民危机的蔓延和民粹政党的崛起，管控本国边境、限制难民配额和强调难民融入日益获得主流政党的认同。北欧地区的社会民主党突破“政治正确”的束缚，审视多元文化主义的效果，从积极接收的传统转向加强管控的立场，争取移民和难民议题的话语权。瑞典社会民主党 2014 年上台后，大幅调整在难民问题上的政策立场，宣布加强边境管理和难民资格审查，限制难民接收人数，驱逐部分入境难民。如瑞典社会民主党国际秘书约翰·哈塞尔（Johan Hassel）所言，“选民需要移民问题的答案，当你交出答案就能再次有机会谈论其他问题。”[②]

在疑欧情绪引发“脱欧”公投的背景下，科尔宾时期工党依旧秉持团结互助的理念，甚至采取更加开放包容的立场。科尔宾首次以党魁身份出席工党年会就表示欢迎难民来到英国，并批评保守派政府未能妥善安置难民。工

① Phillip Connor and Jens Manuel Krogstad, “Many Worldwide Oppose More Migration – Both Into and Out of Their Countries”, https://www.pewresearch.org/fact-tank/2018/12/10/many-worldwide-oppose-more-migration-both-into-and-out-of-their-countries/.

② Emily Schultheis, “The Left Stumbles in Sweden, Social Democracy’s Heartland”, https://www.theatlantic.com/international/archive/2018/09/sweden-election-social-democrats-immigration-europe/569764/.

党 2017 年竞选纲领肯定移民对于经济社会发展的贡献，批评把移民视作经济问题替罪羊的做法。工党倡导建立透明和公平的新移民管理体系，保障外国劳工在英国的工作权利，并且确保居住在英国的欧盟成员国公民的权利。在难民问题上，该份纲领倡导英国传统、国际法精神和人道主义义务，主张接受分摊的难民数量，重新评估难民安置举措。①

在 2019 年竞选纲领里，工党批评保守党限制移民数量的政策会损害经济发展和公共服务，营造敌视移民的社区氛围，并承诺将废除卡梅伦政府 2014 年引入的移民法案，取消最低收入对于家庭成员团聚的限制。该纲领还指出，一旦英国正式退出欧盟，将通过谈判确保欧盟人员和英国的自由流动及其经济社会权利。在难民问题方面，工党承诺英国将同各方合作恢复地中海救援行动，同法国合作建立安全合法的难民庇护路线，并承诺向难民提供合法安全的途径，赋予难民在英国工作和获得公共服务的权利。② 总体来看，科尔宾时期工党对于外来人口的开放包容程度甚至超过了“新工党”时期。（如表 2.16）

表 2.16　英国和欧盟部分国家政党移民议题立场 ③

	移民政策				多元文化主义			
年份 / 政党	2006	2010	2014	2019	2006	2010	2014	2019
英国工党	6.5	5.5	5.4	3.5	6.3	3.8	3.8	3.1
英国保守党	8.0	7.5	8.0	7.5	7.5	6.9	7.1	6.5
德国社会民主党	5.4	4.8	3.9	4.1	4.5	5.4	3.6	4.2
法国社会党	4.2	3.7	4.7	2.7	5.8	5.0	4.7	3.2

① Labour Party, “For the Many Not the Few”, https://labour.org.uk/wp-content/uploads/2017/10/labour-manifesto-2017.pdf.

② Labour Party, “It’s Time For Real Change”, https://labour.org.uk/wp-content/uploads/2019/11/Real-Change-Labour-Manifesto-2019.pdf.

③ Chapel Hill Expert Survey, “Datasets on Party Positions Across Europe”, https://www.chesdata.eu/our-surveys. 该选项从 2006 年开始设置，数值 0 代表强烈支持自由的移民政策和多元文化主义，数值 10 代表强烈支持限制的移民政策和同化政策，本表格数值保留小数点后一位。

(四)“脱欧”问题和英国工党欧洲政策走向

由于地缘位置、历史文化、现实利益等因素，英国和欧洲大陆的关系既复杂又微妙。英国富有光荣孤立和疑欧主义的传统，二战结束后对于欧洲一体化进程秉持观望态度。20 世纪 60 年代，保守党执政时期的英国首次申请加入欧洲经济共同体，最终未能如愿。1973 年，在保守党政府任内英国正式加入了欧共体。然而，英国国内围绕欧洲问题的分歧并未消失，该时期工党具有明显的疑欧立场，其 1974 年竞选纲领承诺，一旦大选获胜，将通过全民公投的方式决定英国是否继续留在欧共体。在工党赢得大选的次年，英国举行首次全国性公投，投票率为 64.0%，选择留在欧共体和退出欧共体的投票者各占 67.2% 和 32.8%。[①] 此后，英国与欧共体及其后继者欧盟的联系日趋紧密，但疑欧主义在英国的政治和社会领域中仍有一定的影响力。例如，撒切尔政府趋向疑欧主义立场，迫使欧共体在预算问题上对英国作出让步。保守党内部疑欧主义力量依然强大，担任保守党领袖的威廉·黑格（William Hague）、伊恩·史密斯（Iain Smith）和迈克尔·霍华德（Michael Howard）均是疑欧主义者。

2008 年工党执政期间，英国下议院否决了对《里斯本条约》进行全民公投的动议，并且通过了该条约。但是，保守党没有放弃启动全民公投的尝试。在 2010 年竞选纲领中，保守党指责工党政府同意《里斯本条约》的做法缺乏民众授权和违背民主传统。保守党反对政府未经全民公投就向欧盟转移权力或者决定加入欧元区的做法，主张通过谈判从欧盟收回基本权利宪章、刑事司法、社会和就业立法等方面的部分权力。工党的竞选纲领则提出英国要引领欧洲的变革，增强欧盟经济竞争力和改革欧盟预算机制，强调欧盟变得强大，英国也会更加强大。

随着欧洲经济危机持续发酵和欧盟经济治理深化改革，英国与欧盟其他成员国关于欧洲一体化进程的分歧日益突出。英国国内疑欧主义上升，围绕是否退出欧盟的争论逐渐升温。2011 年，80 余名保守党议员提出了“脱欧”

① Vaughne Miller,“The 1974–75 UK Renegotiation of EEC Membership and Referendum”, https://researchbriefings.files.parliament.uk/documents/CBP-7253/CBP-7253.pdf.

公投的动议。2012 年，卡梅伦政府宣布评估欧盟政策运行情况及其对于英国的影响。面对党内疑欧派别和民调持续落后的内外压力，2013 年，卡梅伦就英国与欧盟关系前景发表讲话，表示支持英国留在经过改革的欧盟，承诺一旦保守党赢得下一次大选将在一年内批准所需法律，制定与欧盟关系的新原则，并且就是否退出欧盟举行全民公投。

有效参与欧盟事务并积极发挥英国的影响力是工党欧洲问题的基本立场。米利班德明确反对全民公投的做法，认为这场巨大的赌博会带来连续多年的不确定因素。[①] 工党 2015 年竞选纲领强调，欧盟成员国身份对于英国的繁荣和安全具有重要意义，英国需要留在欧盟并且推进欧盟的改革。工党还表示，不管是否举行全民公投，英国向欧盟让渡任何权力都离不开民众的同意。

2015 年大选以保守党获胜而告终。保守党执政后，一边与欧盟展开英欧关系的谈判，争取欧盟对英国作出让步，以便说服更多的选民在全民公投中支持留在欧盟；一边遵循竞选承诺，着手准备"脱欧"公投。2016 年 2 月，英国政府确定"脱欧"公投的时间，"脱欧"派和"留欧"派开始宣传活动。科尔宾表态工党会支持"留欧"，将会推动欧盟改革来促进经济增长和保障工人权利。[②]

2016 年 6 月，英国就欧盟成员资格去留问题举行了全民公投，投票率为 72.2%，其中 51.9% 的投票者选择"脱欧"，48.1% 的投票者表示"留欧"。[③] 随后，卡梅伦宣布辞职，梅继任保守党党魁和英国首相。由于缺少先例借鉴、牵涉多方利益、议事程序复杂、政府权威不足、社会缺乏共识、欧盟立场强

① BBC，"Ed Miliband Rejects 'Huge Gamble' of in/out Referendum"，https://www.bbc.co.uk/news/uk-politics-21164912.

② Labourlist，"Europe Needs to Change… But I am Voting to Stay: Corbyn's Full Speech on the EU"，https://labourlist.org/2016/04/europe-needs-to-change-but-i-am-voting-to-stay-corbyns-full-speech-on-the-eu/.

③ The Electoral Commission，"Results and Turnout at the EU Referendum"，https://www.electoralcommission.org.uk/who-we-are-and-what-we-do/elections-and-referendums/past-elections-and-referendums/eu-referendum/results-and-turnout-eu-referendum.

硬，英国“脱欧”进程不断出现波折，表现出极大的不确定性，逐渐沦为议而不决的“拖欧”。两任首相辞职，两度提前大选，三次延期“脱欧”，“脱欧”协议多次遭议会否决，首相要求议会休会被最高法院裁定违法，英国政治因此一度陷入僵局，从而暴露出全局性、深层次和制度性问题。（如表 2.17）

表 2.17　英国“脱欧”进程大事记

时　间	事　项
2017 年 3 月 29 日	英国政府正式启动《里斯本条约》第 50 条，开始为期两年的“脱欧”程序
2017 年 6 月 8 日	英国提前三年举行大选，保守党没能获得下议院半数以上议席
2017 年 6 月 19 日	英国与欧盟正式启动“脱欧”谈判
2017 年 12 月 8 日	英国与欧盟完成“脱欧”第一阶段谈判，围绕欧盟在英公民权利、英国向欧盟支付费用金额和爱尔兰边界等核心议题达成一致
2017 年 12 月 13 日	英国议会成功夺得“脱欧”协议的最后确认权
2018 年 1 月 29 日	英国与欧盟启动第二阶段谈判，核心议题是“脱欧”后双方贸易关系
2018 年 3 月 19 日	英国和欧盟就正式退出欧盟后的过渡期达成一致
2018 年 11 月 13 日	英国与欧盟就“脱欧”协议内容达成一致
2018 年 11 月 25 日	欧盟除英国外的 27 个成员国通过“退出协议”和“英欧未来关系宣言”
2019 年 1 月 15 日	英国下议院否决“脱欧”协议
2019 年 3 月 12 日	英国下议院再次否决“脱欧”协议
2019 年 3 月 21 日	欧盟同意不会在原先商定的 3 月 29 日完成英国“脱欧”
2019 年 3 月 29 日	英国下议院第三次否决“脱欧”协议
2019 年 4 月 10 日	欧盟同意将英国“脱欧”延期至 2019 年 10 月 31 日
2019 年 10 月 17 日	英国和欧盟达成新的“脱欧”协议
2019 年 10 月 28 日	欧盟同意将英国“脱欧”延期至 2020 年 1 月 31 日
2019 年 10 月 29 日	英国下议院投票决定在 12 月提前举行选举

作为最大的反对党和传统亲欧的政党，工党具备成为“留欧”阵营领导力量的条件。但是，科尔宾被视为资深的疑欧派人士，1975 年公投曾赞成英国退出欧共体，早年担任议员期间曾经多次发表疑欧言论。“脱欧”公投后，科尔宾表示遵循民意，不会阻碍“脱欧”进程和举行二次公投。在 2017 年竞选纲领中，工党宣布接受“脱欧”公投的结果，表示致力于建立英国和欧盟的新型紧密关系，确保就业、经济、生活水平和环保标准不受影响。工党反对无协议“脱欧”，批评保守党“脱欧”白皮书，主张优先考虑就业和经济问题，基于单一市场和关税同盟进行“脱欧”谈判。①

随着“脱欧”进程的深入和政治形势的变化，工党作为政府批评者的优势逐渐弱化，“脱欧”立场摇摆不定、替代方案模糊不清、政党内部分歧严重等劣势越发显露。2019 年 7 月，约翰逊继任保守党党魁和新任首相。约翰逊作为保守党内部“脱欧派”的领袖，曾任外交大臣，因不满梅的“脱欧”方案而退出内阁。与试图弥合各派分歧、寻求折中“脱欧”路径的梅不同，约翰逊继任后坚持不惜“无协议脱欧”来实现如期“脱欧”。在保守党陷入内外交困之际，他选择了看似“非理性”的新路径，主动调整“脱欧”立场，对内对外展示强硬姿态，不仅谈成新版协议、明确限期“脱欧”，而且承诺 2020 年 12 月 31 日过渡期结束前完成英国和欧盟的自由贸易协定谈判。

2019 年大选竞选期间，保守党注重简化大选议题，其竞选口号“搞定脱欧”（Get Brexit Done）简明扼要，旨在整合“脱欧”选民，遏制支持者流向“脱欧”党。竞选纲领承诺 2019 年圣诞节前新一届议会再次表决“脱欧”协议，明确 2020 年 1 月 31 日英国正式退出欧盟。可见，保守党提前大选的意图是赢得议会多数席位进而通过约翰逊版协议，而不是重新谈判新协议或者寻求“脱欧”新路径。

在保守党更换领袖、“脱欧”立场趋向强硬的情况下，两大党的博弈出现了新变化。从梅时期到约翰逊时期，社会民意逐渐趋向于寻求“脱欧”问

① Labour Party, “For the Many Not the Few”, https://labour.org.uk/wp-content/uploads/2017/10/labour-manifesto-2017.pdf.

题的确定性。约翰逊不仅掌握“脱欧”进程的主动权，而且拥有现成的“脱欧”协议和明确的“脱欧”路径，而科尔宾没有及时提出有效的“脱欧”方案，迟迟未能阐明工党的“脱欧”立场及其具体路径，处于被动回应的状态。面对形势变化和党内压力，科尔宾表态的“脱欧”立场摇摆于“软脱欧”、“留欧”和“二次公投”之间。作为最大反对党领袖，科尔宾优先考虑选举利益，以再次提前举行大选、争取上台执政为主要目标，遭到竞争对手的批评。（如表 2.18）

表 2.18 英国主要政党欧洲一体化议题立场[①]

	政党领袖对于欧洲一体化的整体倾向				欧洲一体化在政党公共立场中显著性			
年份 政党	2006	2010	2014	2019	2006	2010	2014	2019
工党	5.2	4.8	5.5	4.0	4.4	3.7	3.5	6.4
保守党	2.5	2.2	3.1	1.5	5.2	5.5	7.4	9.5
自由民主党	6.2	6.0	6.7	6.7	6.6	5.7	6.7	9.5

在 2019 年 9 月工党年会上，科尔宾宣称让英国民众拥有是否“脱欧”的最终决定权。2019 年 12 月大选前夕，工党从尊重 2016 年“脱欧”公投结果正式转向举行“二次公投”，其竞选纲领不仅反对无协议“脱欧”和约翰逊版本的“脱欧”协议，而且承诺一旦胜选上台，将与欧盟在三个月内尽快重新谈判一份接近关税同盟和单一市场的“较软”的新协议并在上台后半年内付诸全民公决，公投选项将包括是否同意新协议和是否继续留在欧盟。工党宣称，未来谈成的“脱欧”协议将会保护就业、权利和环境，避免北爱尔兰地区的“硬边界”问题，维护北爱尔兰地区和平进程。

① Chapel Hill Expert Survey，“Datasets on Party Positions Across Europe”，https://www.chesdata.eu/our-surveys.“Eu_Position”代表政党领袖对于欧洲一体化的整体倾向，数值 1 代表强烈反对，数值 7 代表强烈支持，4 代表中立；“Eu_Salience”代表欧洲一体化在政党公共立场中的显著性，数值 0 到 10 代表欧洲一体化从不重要到非常重要。本表格数值保留小数点后一位。

该方案属于“软脱欧”和“二次公投”的混合，延续了工党“脱欧”立场模糊、博取各方支持的特点。但是，重谈一份新协议需要欧盟的同意和配合，难度很大。一旦出现“二次公投”乃至由民众直接表决“脱欧”协议，将是英国历史上第四次、近十年第三次全民公投，不仅存在逆转“脱欧”公投结果，使谈判前功尽弃的可能性，而且将直接动摇英国民主制度的根基和议会主权的原则，引发制度合法性危机和宪法危机。

科尔宾关于举行“二次公投”时保持中立的表态，无法整合“留欧派”的民意，更不可能获得“脱欧派”的认同。选前仍有多达 39% 的受访者认为工党的“脱欧”政策完全不清晰，24% 受访者认为比较不清晰，仅有 8% 表示非常清晰。[①]68% 的保守党投票者认为该党或领袖最可能实现自己所要的“脱欧”结果，仅有 19% 的工党投票者对该党及其领袖持有同样态度。[②] 益普索·莫里（Ipsos MORI）的选前民调也显示，“脱欧”支持者赋予约翰逊 56 分、科尔宾 10 分，“留欧”支持者则分别给科尔宾和约翰逊 37 分和 14 分。[③] “在普通民众拿不定主意、需要领袖人物指引的情况下，科尔宾的决定等于临阵逃脱。这样的领袖、由这样的领袖领导的政党自然要被选民们抛弃。”[④] 政党领袖与政党精英、目标选民在“脱欧”立场上的矛盾和分歧是工党 2019 年大选惨败的重要原因。

---

① “What UK Thinks: EU，Do You Think the Labour Party’s Policy on Brexit Is Clear or Unclear?”，https://whatukthinks.org/eu/questions/do-you-think-the-labour-partys-policy-on-brexit-is-clear-or-unclear/.

② Lord Ashcroft Polls，“How Britain Voted and Why: My 2019 General Election Post-Vote Poll”，https://lordashcroftpolls.com/2019/12/how-britain-voted-and-why-my-2019-general-election-post-vote-poll/.

③ Bobby Duffy，et al. “How Polarised is the 2019 General Election?”，https://www.kcl.ac.uk/policy-institute/assets/how-polarised-is-the-2019-general-election.pdf.

④ 刘玉安、蒋弘：《英国工党为什么四连败？》，载《当代世界社会主义问题》，2020 年第 1 期，第 99 页。

三、斯塔默时期工党的重新探索

2019年大选后，保守党获得了稳固的执政地位，改变了过去两年英国政坛弱政府、强议会的格局。2019年12月19日，新一届议会开幕。2020年1月9日，下议院以330票赞成、231票反对的结果通过了“脱欧”协议。1月24日，欧洲理事会主席和欧盟委员会主席签署“脱欧”协议。1月29日，欧洲议会全会以621票赞成、49票反对、13票弃权的投票结果通过协议。1月31日，英国正式结束了欧盟成员国身份，成为第一个离开欧盟的国家，随后进入为期11个月的过渡期。至此，源于2016年6月全民公决、正式开启于2017年3月的“脱欧”进程步入了新阶段,英欧关系也进入了后“脱欧”时代。不过，“脱欧”公投所衍生的问题并没有随着“脱欧”程序的初步完成而消失。

英国和欧盟的贸易谈判成为约翰逊政府的重要任务。脱离欧盟的英国并未脱离欧洲，双方联系依然紧密，但双边关系亟须重新界定。欧盟既是英国最大的贸易伙伴和出口市场，也是未来的竞争对手。在2020年12月31日之前的“脱欧”过渡期，英国仍处在欧盟的关税同盟和单一市场内，受到欧盟法律约束，但不再享有欧盟事务的表决权。假如英国与欧盟未能如期达成新的贸易协议，双方贸易将回到世界贸易组织框架。尽管“脱欧”协议规定过渡期可延长一次，但是保守党主导的议会通过了禁止政府延长过渡期的决议，这意味着约翰逊政府决心按时完成这项工作。谈判涉及的商品、服务、资本、渔业、公民权利等议题内容广泛复杂，英国和欧盟双方目标差异明显，使谈判面临很大的困难。经过九个多月的拉锯谈判，英国和欧盟于2020年12月就包括贸易在内的一系列合作关系达成协议，对英国和欧盟的商品和服务贸易、英国海域的捕捞权分配以及双方在交通、能源、司法等领域的合作作出安排。12月30日，英国下议院以521票赞成和73票反对的结果通过了英欧未来关系法案，大部分工党议员均投赞成票。

英欧谈判开启之际，正值新冠肺炎疫情在英国大规模暴发。疫情发生初期，约翰逊政府没能及时判断疫情的传播力和危害性，试图平衡疫情防控、经济发展和社会运行的关系，应对疫情的策略和措施备受质疑。面对迅速增加的感染病例，深受多年紧缩政策影响的国家医疗服务体系暴露出人手短缺、资源不足、救治不力等问题。在疫情反复的背景下，英国先后实施多次封锁措施。疫情对经济社会发展和普通民众生活带来了严重的影响，少数族裔和社会底层受到了更大的冲击。2020 年 3 月，约翰逊政府公布的财政预算案正式结束了英国为期十年的财政紧缩政策，大幅增加了基础设施和公共服务的投入。约翰逊政府还放开了预算赤字的限制，实行“带薪休假计划”，由国家财政为企业员工支付 80% 的工资。各党派围绕是否延续管制、何时重启经济等问题出现了明显的分歧。工党既从国家利益出发，支持政府关于挽救生命和保护国家医疗服务体系的合理措施，又发挥建设性反对党角色的作用，对于政府应对疫情的做法展开了批评，并把疫情带来的冲击归咎于过去十年保守党政府的财政紧缩政策。

工党新任党魁基尔·斯塔默被视为党内温和左翼，与科尔宾的从政履历和政治立场存在较大差异。他的父亲是工人，母亲是护士，均是工党支持者，因而斯塔默的名字带有工党首任议会党团领导人基尔·哈第的印记。斯塔默在利兹大学和牛津大学学习法律，曾经从事律师工作，担任过皇家检察署负责人和刑事检控专员。2015 年，他作为工党安全选区的候选人首次当选下议院议员，并在同年的工党领袖选举中支持影子内阁卫生大臣安迪·伯纳姆（Andy Burnham）。2016 年，斯塔默因反对科尔宾而辞去影子内阁移民大臣的职务，又在科尔宾再度当选党魁后出任影子内阁“脱欧”大臣，获得了更多的关注。斯塔默主张控制移民数量，改革欧盟内部人员自由流动的规则，支持举行“二次公投”并表态“留欧”。

竞选党魁期间，斯塔默曾经从道德的角度来阐述社会主义。消除不平等不公正、代表弱势对抗强权是他所理解的社会主义。他指出，道德社会主义（Moral Socialism）关乎人们的日常生活和 21 世纪二三十年代的挑战，其三大基石是经济公正、社会公正和气候公正。他认为，“激进的工党政府”要致力于解决不平等和不公正问题；自由市场经济已经失败，工党主张的新经济模式将减少不平等、支持工会、给予民众在工作场所发表意见的权利、促进社区繁荣；作为倡导绿色新政的政党，工党要带领英国引领世界应对气候危机；工党会继续反对财政紧缩、支持共同所有权（Common Ownership）、大力投资公共服务；要大幅下放权力，打破威斯特敏斯特的权力垄断，给予社区自主权。[①] 斯塔默还把经济公正、社会公正、气候公正、促进和平与人权、共同所有权、保护移民权利、提高工人权利和工会作用、平等、有效反对保守党和大幅下放权力、财富和机会列为十大承诺。[②] 关于工党领袖选举投票者的调查显示，92% 的受访者认为斯塔默不同于科尔宾，3% 的受访者认为没有什么不同，5% 的受访者表示不清楚。科尔宾主义者（Corbynite）丽贝卡・朗・贝利（Rebecca Long-Bailey）则被 70% 的受访者认为她和科尔宾没有什么不同，25% 的受访者认为她不同于科尔宾。[③]

斯塔默当选党魁后，批评保守党政府加剧了社会不平等、不公正和不安全，并且多次结合自己的成长经历和父母的职业特点，提及家庭、企业、就业、医疗、教育、环保等话题，提出取消紧缩政策、引入振兴债券、投资公共服务、捍卫医疗体系、实施绿色新政、推动权力下放等主张。2021 年地方选举后，工党启动题为“团结起来更强大”（Stronger Together）的政策评估活动，为下一次大选的竞选纲领奠定基础。工党的报告指出，21 世纪 20 年代英国的主要挑战包括使国家符合绿色和数字化的未来，民众享受更好的工作，确保社区安全，从出生起就提供世界领先水平的公共服务，创造家庭优先的未

---

① Keir Starmer, “Labour Can Win Again if We Make the Moral Case for Socialism”, https://www.theguardian.com/commentisfree/2020/jan/15/labour-socialism-values-election-economic-model.

② Keir Starmer, “My Pledges to You”, https://keirstarmer.com/plans/10-pledges/.

③ YouGov, “YouGov Survey Results”, https://d25d2506sfb94s.cloudfront.net/cumulus_uploads/document/f34qa8dfwf/InternalResults_200225_LabMembers.pdf.

来，确保英国未来在世界上扮演成功的角色。[①] 在费边社《前行之路》（*The Road Ahead*）的小册子中，斯塔默基于工党和英国的价值观提出了十大原则：始终把努力工作的家庭及其优先事项放在首位；努力工作并遵守规则就应该获得公平的回报；民众和企业对社会作出贡献和获得回报；人生机遇并不取决于出生环境，努力工作和贡献程度至关重要；家庭、社区和把我们团结起来的事务要重新优先于个人主义；经济应该服务于公民和社区，而不是仅仅屈服于市场力量；政府要扮演私企的伙伴角色，而不能压制其发展；政府要像对待自己的钱那样对待纳税人的钱，现有的浪费程度令人难以接受；政府必须在恢复公共生活的诚实、体面和透明度等方面发挥作用；我们以爱国为傲，但是拒绝民族主义的分裂行径。[②]

与科尔宾相比，斯塔默的政治理念和个人风格显得更加温和务实。竞选领袖期间，斯塔默曾使用"激进的政府"、社会主义、共同所有制等表述，表示会延续科尔宾时期的基本立场。然而，他担任党魁后没有进一步提出对应的政策，反而放弃了大幅提高最低工资水平、实施共同所有制、推动能源企业国有化等主张，引发了党内左翼的不满。斯塔默的幕僚和顾问马修·多伊尔（Matthew Doyle）、菲利普·柯林斯（Philip Collins）、彼得·曼德尔森（Peter Mandelson）等人曾任职于布莱尔的团队。在工党2021年年会的大会演讲中，斯塔默肯定了布莱尔的成就，强调工党要重新获得民众的信任和赢回流失的选民。他表示，自己不会带领工党把缺乏认真考虑的执政方案作为竞选纲领。该讲话被视为充满布莱尔主义的风格。当前，斯塔默只是笼统阐述工作、平等和安全等理念，中间道路的色彩比较明显，政策框架的内容有待充实。

资本主义危机原本是社会民主主义反思和回应的机会。然而，欧洲各国社会民主党面对反移民、反全球化、反新自由主义的思潮和治理体制滞后、

① Anneliese Dodds, "Britain in 2030: Foreword", https://labour.org.uk/stronger-together/britain-2030/foreword/.

② Keir Starmer, "The Road Ahead", https://fabians.org.uk/wp-content/uploads/2021/09/The-Road-Ahead-KEIR-STARMER_web.pdf.

市场机制失灵、贫富分化加剧的问题，缺乏足够的批判勇气和应对能力，其理论思考和实践经验不足以应对新形势和新挑战。曾经引领欧洲社会民主党变革的英国工党创新乏力便是欧洲社会民主主义遭遇理论瓶颈的缩影。党内团体“复兴”（Renaissance）对2019年转投保守党的工党选民进行访谈，认为具体的政策主张难以重新争取工党流失的选民，工党亟须彰显自身立场的宏大构想。[①] 无论是米利班德还是斯塔默，都没有展现出带领国家走出危机的足够能力，拿不出能够说服民众的改革方案，无法形成有影响力的系统理念。“全民国家”“科尔宾主义”“科尔宾经济学”成为昙花一现且不被选民广泛认可的概念。党内围绕政治理念和政策主张存在较大的分歧。斯塔默一度被工党党员和左翼媒体寄予了很高的期望，但是他就任工党领袖两年有余，仍然没有展现充分的魄力和能力。如何推动政治理念的系统更新进而构建具备创新性、系统性、连贯性和可行性的政策框架，依旧是后第三条道路时期工党的重大课题。

---

① Toby Helm，“Labour Needs Big Ideas to Win Voters Back，Report Warns”，https://www.theguardian.com/politics/2021/oct/17/labour-needs-big-ideas-to-win-voters-back-report-warns.

第三章 英国工党组织体系和组织动员的变革

一、工党领袖选举及其制度演变

左右翼长期共存、持续博弈、交替主导是工党历史发展的特点，也是英国政治风向的缩影。在野时期的工党不受执政党身份的束缚，左右翼围绕话语权和领导权的博弈往往更加激烈。领袖选举及其制度变革折射出工党政坛地位和内部关系的变化。

1906 年大选后，工党议员从 2 名增至 29 名，正式组建了议会党团。当时，工党没有设置严格意义上的政党领袖。工党主要创始人哈第担任议会党团主席（Chairman of the Parliamentary Labour Party），沙克尔顿担任副主席，麦克唐纳出任书记，韩德森出任党鞭。在哈第之后，韩德森、乔治·巴恩斯（George Barnes）、麦克唐纳、威廉·亚当斯（William Adamson）、约翰·克莱因斯（John Clynes）相继担任过工党议会党团主席。

1922 年大选，工党赢得 142 个议席，上升为议会第二大党和“女王陛下的反对党”。麦克唐纳以 61 票∶56 票的结果击败了克莱因斯，被工党议员选为议会党团主席和领袖（Chairman and Leader of the Parliamentary Labour Party）。从此，工党议会党团领导人为全党领袖和首相人选（在野时为潜在人选）的习惯做法延续下来，其产生方式是工党议员公开提名、一人一票秘密投票，每轮投票得票数末位者退出，重复投票直至候选人获得绝对多数。[①] 在野期间，议员可发起挑战，每年重选一次领袖；执政期间，多数年会代表提出要求才能重选领袖。议会党团和政党组织的领导人均由同一人出任，下

① 1977 年工党年会正式明确该职位为工党领袖。

议院议员身份是出任工党领袖或副领袖的前提。此外，工党副领袖同样由议会党团选举产生。

在没有其他候选人的情况下，韩德森和兰斯伯里分别于 1931 年和 1932 年自动当选工党领袖。1935 年，兰斯伯里的和平主义立场备受党内争议，最终选择辞职。工党副领袖艾德礼以 88 票∶48 票战胜了赫伯特·莫里森(Herbert Morrison)，继任领袖。1955 年艾德礼辞任后，盖茨克尔以 157 票∶70 票战胜了比万。1960 年，威尔逊向盖茨克尔发起挑战，以 81 票∶166 票告负。1961 年，安东尼·格林伍德（Anthony Greenwood）对盖茨克尔的挑战以 59 票∶171 票而告终。（如表 3.1）

表 3.1　工党领袖选举结果（1922 年至 1980 年）①

年份	候选人	计票轮数	获胜者	最终得票率
1922	2	1	麦克唐纳	52.1%
1935	3	2	艾德礼	64.7%
1955	3	1	盖茨克尔	58.8%
1960	2	1	盖茨克尔	67.2%
1961	2	1	盖茨克尔	74.3%
1963	3	2	威尔逊	58.2%
1976	6	3	卡拉汉	56.2%
1980	4	2	富特	51.8%

领袖选举的候选人逐渐增加，但是党内左右翼主要候选人主导选举最终对决的情况没有出现根本变化。总体倾向温和立场的议会党团使党内左翼代

① Neil Johnston，“Leadership Elections: Labour Party”，https://researchbriefings.files.parliament.uk/documents/SN03938/SN03938.pdf.

表难以获胜。[①]20 世纪 70 年代，工党左翼逐步崛起，不断提出修改领袖选举制度的要求，旨在削弱党内右翼占据优势的议会党团，增强左翼力量比较突出的选区工党和附属团体的实际影响。[②]1976 年威尔逊宣布辞任，工党举行领袖选举。右翼代表卡拉汉在第三轮计票中以 176 票∶137 票击败了左翼代表富特。卡拉汉执政期间，党内左翼的改革诉求受到进一步压制。不过，工党 1978 年和 1979 年年会并未通过领袖选举制度改革的方案。

1979 年大选失利后，卡拉汉没有立即辞职，试图阻碍时任工党副领袖的富特接任领袖。1980 年的工党年会以 50.7%∶49.3% 的表决结果同意扩大投票者范围和实施选举团制度，并决定召开特别会议进行具体讨论。此时，卡拉汉宣布辞职，希望右翼代表希利借助议会党团的现有优势取得领袖选举的胜利。在同年 11 月举行的党内选举中，富特经过两轮投票以 139 票∶129 票的结果战胜了希利，出任新一任领袖。

1981 年 1 月，工党在温布利举行特别会议，争论焦点在于选举团的构成和权重问题。一种方式是工党附属工会和其他附属团体归为同一类别，议会团体、选区工党、附属团体各自所占比重的四种方案分别为 2∶1∶1、3∶3∶4、3∶4∶3、1∶1∶1；另一种方式是区分附属工会和其他附属团体，议会党团、选区工党、附属工会、其他附属团体比重的三种方案分别为 33∶33∶33∶1、75∶10∶10∶5、38∶30∶30∶2。[③] 英国商店雇员工会（USDAW）提出的方案是附属团体作为整体拥有 40% 的投票权，议会党团和选区工党各占 30%。最终，该方案获得通过。

---

① 1963 年工党领袖选举，乔治·布朗（George Brown）拒绝在选前表态接受卡拉汉作为副领袖，而威尔逊表示愿意接受布朗作为副领袖。最终，乔治·布朗和卡拉汉分散了右翼阵营的选票，造成了威尔逊的当选。

② 也有学者认为由议会党团选举领袖比选举团选举更有利于党内左翼。Timothy Heppell, "Labour Leadership Elections From Wilson to Brown Ideological Factions and Succession Planning Strategies", *Representation*, Vol.46, No.1, 2010, p.71.

③ R. M. Punnett, *Selecting the Party Leader: Britain in Comparative Perspective*, London: Harvester Wheatsheaf, 1992, pp.101–102.

在参选资格方面，领袖候选人需要获得5%的现任工党议员的提名，议员可以选择只参加投票而放弃提名。1981年，党内左翼托尼·本和约翰·希尔金（John Silkin）向工党副领袖希利发起了挑战，新选举制度首次付诸实践。在第二轮计票时，希利以50.4%∶49.6%战胜了托尼·本。1988年，托尼·本获得了17%的工党议员提名，对领袖金诺克发起了挑战，以11.4%∶88.6%的悬殊结果落败。在附属团体部分，托尼·本仅获得0.8%的选票。同年，工党全国执行委员会把领袖候选人的门槛提高到20%的工党议员提名，避免党内左翼频繁发起选举挑战。

在投票方式方面，投票者根据选择投票制（Preferential Ballot）按照个人偏好在选票上标明各位候选人的选择顺序，若第一轮计票没有候选人得票过半，得票最少者被淘汰，其所得票数根据排序来继续分配给其他候选人，以此类推直至候选人得票过半为止。议会党团部分是工党议员一人一票，由议员本人做出决定。从1991年起，工党的欧洲议会议员被列入领袖选举的议会党团部分。[①] 选区工党部分遵循集体投票和多数决的原则，由各选区自行决定把选区的总委员会成员或者党员纳入投票群体的范围，采用召开会议、邮寄选票或者上门回收选票的方式来决定支持的工党领袖人选。每个选区不管党员人数多少，其投票权重均相等。附属团体部分也采用集体投票，各附属团体的投票权重取决于向工党交纳政治基金的会员人数，每1000名会员计一票。由于工党对工会没有明确的投票指南，工会会员人数众多，因而工会大多根据工会领导人、工会年会代表或者工党年会工会代表的意见来决定本工会支持的人选。

新实施的选举团制度扩大了工党领袖选举的范围，体现了议会党团之外普通党员和附属团体成员对领袖选举的参与。集体投票制则难以反映各个选区工党、附属团体内部少数派的意见，凸显了选区工党积极分子和附属团体负责人的作用。金诺克上任后，曾经试图推动一人一票制度的实行，但遭到了选区工党积极分子和附属团体领导人的反对。“与组织性强、相对激进的

① 欧洲议会议员只有投票权，直至2015年工党年会以后才获得了提名权。

工会和选区的积极分子相比，普通党员和个体会员是分散的、原子化的，不易组织起来，政治态度是温和的，相对是不活跃的。赋予这样的群体以选举权，其产生的领袖很可能出自右翼。”[①] 以 1988 年托尼·本挑战金诺克为例，工党五大附属工会的投票权经过换算就等同于 191 名议员或者 500 个选区工党。在集体投票制下，大工会领导人能够对选举结果产生不容忽视的影响，充当“造王者”（Kingmaker）的角色。[②]

1992 年工党连续第四次在大选中失利，金诺克很快宣布辞职。影子内阁内政大臣史密斯从政经历丰富，选民基础较好，被视为工党领袖强有力的竞争者。针对提名阶段的争议，工党议会党团召开会议决定，如果议员认为自己提名的候选人无法达到参选门槛，那么可以在提名截止日期之前更改人选。尽管如此，史密斯的主要竞争者、左翼代表肯·利文斯通（Ken Livingstone）还是只有 13 票，远低于 55 名议员的提名门槛。最终，在领袖选举中，史密斯以 91.0%∶9.0% 的结果战胜了布莱恩·古尔德（Bryan Gould）。在副领袖选举中，政治立场、从政履历和史密斯优势互补并获得史密斯支持的玛格丽特·贝克特（Margaret Beckett）以 57.3%∶28.2% 战胜了约翰·普雷斯科特（John Prescott）。同时参加副领袖选举的古尔德仅有 14.5% 的票数。

1993 年，工党领袖选举制度进行了具体调整。在领袖处于空缺状态时，参选资格降为由 12.5% 的工党议员提名，以免发生没有竞争者而候选人自动当选的情形；对现任领袖发起挑战时，仍然需要 20% 的议员提名门槛，避免频繁挑战和竞选。连续的大选失利使工党重新审视自身和工会的关系，导致选举团的权重发生了变化，议会党团、选区工党和附属团体的投票权从 30%、30% 和 40% 改为各占三分之一。附属团体实行交纳政治基金的个人成员通过邮寄的方式一人一票（One Levy–Payer One Vote），选区工党也开始以邮寄选票的方式实行一人一票。附属团体和选区工党不再遵循“胜者全得”

---

① 谢峰：《政党演进与制度变迁：英国政党与政党制度研究》，北京：北京大学出版社，2013 年版，第 178 页。

② Thomas Quinn，“Electing the Leader: The British Labour Party’s Electoral College”，*British Journal of Politics & International Relations*，Vol.6，No.3，2004，p.340.

的原则，候选人在附属团体和选区工党获得的选票份额由所有选择该名候选人的个体选票构成。新规则削弱了附属团体及其领导人的作用，赋予了普通党员和附属团体成员直接参与的权利，避免了选区工党和附属团体出现“赢者通吃”、忽略少数人意见的情况。

1994 年，史密斯突然辞世，工党启动领袖选举。在候选人提名阶段，党内右翼新生代人物布莱尔率先参选并争取到 154 名议员的提名。同为党内新生代的布朗放弃了参选，这有利于布莱尔票数的集中。普雷斯科特获得了 46 名议员提名，辞去副领袖转而竞选领袖的贝克特有 42 票提名。[①] 在新规则首次实施的背景下，布莱尔以 56.99% 的总得票率当选工党领袖（如表 3.2）。党内左翼普雷斯科特和贝克特均参加了副领袖的竞选，前者以 56.5% 的总得票率获胜。

表 3.2　1994 年工党领袖选举结果 [②]

候选人 \ 选举团	工党议员	工党党员	工党附属团体成员	总计
布莱尔	20.16%	17.43%	19.40%	56.99%
普雷斯科特	6.53%	9.47%	8.13%	24.13%
贝克特	6.63%	6.43%	5.80%	18.86%

从 20 世纪 80 年代初开始，参选资格、投票资格、投票权重、投票方式等方面的不断调整，并未完全改变少数人主导工党人事权的格局。例如，工党议员人数明显少于工党党员和附属团体成员，一名工党议员的选票分量远远大于一名工党党员和附属团体成员；议会党团发挥着关键的遴选作用，议员提名是候选人获得参选资格的基本门槛；附属团体部分取消了集体投票，

① Keith Alderman and Neil Carter，“The Labour Party Leadership and Deputy Leadership Elections of 1994”，*Parliamentary Affairs*，Vol.48，No.3，1995，p.443.

② Neil Johnston，“Leadership Elections: Labour Party”，https://researchbriefings.files.parliament.uk/documents/SN03938/SN03938.pdf.

但是工会领导人有条件向成员建议投票人选。此外，各选举团的投票率出现了明显的失衡。议会党团仅有 4 人未参加投票，选区工党投票率为 69.1%，工会部分的投票率低至 19.5%。有工会会员填写不当出现很多废票，有工会宣称会员数众多承担不起一人一票的费用而不参与投票，还有工会认为布莱尔选前民调已显示具有明显优势，再投票是浪费时间和金钱。[①] 随着工党赢得大选开启 13 年的执政，领袖选举制度改革进程暂时搁置。

2007 年，布莱尔在党内外压力之下辞去工党领袖和首相职务。布朗获得了 332 名工党议员的提名而自动当选，其竞争对手、党内左翼约翰·麦克唐纳（John McDonnell）无法达到 45 名议员支持的参选门槛。布朗的领袖权威备受质疑，多次面临信任危机。不过，争取 20% 的议员支持对现任领袖发起挑战并不容易，挑战者及其支持者需要考虑执政期间开展党内领袖竞选的决策成本、财政成本和分裂成本。[②] 布朗担任党魁和首相职务直至 2010 年大选失利。

与 20 世纪 80 年代到 20 世纪 90 年代初的在野时期相似，2010 年以来，工党连续遭遇大选失利，多次触发领袖选举，引发领袖选举制度的频繁变动。在 2010 年工党领袖候选人之中，外交大臣戴维·米利班德拥护“新工党”的主张，深受布莱尔的器重，属于党内右翼的代表。能源与气候变化大臣埃德·米利班德与布朗关系密切，自 1994 年起成为布朗的政策顾问，政治立场更加接近工党温和左翼，被称为“红色埃德”（Red Ed）。此外，候选人还有儿童、学校与家庭部大臣、布朗主义者（Brownite）埃德·鲍尔斯（Ed Balls），文化、媒体与体育大臣伯纳姆和下议院首位黑人女议员戴安·阿伯特（Diane Abbott）。1987 年开始担任工党后座议员的阿伯特起初只有 11 名议员提名，但由于候选人大多是牛津大学和剑桥大学毕业的白人男性群体，出于竞选多样性的考虑，包括戴维·米利班德在内的部分议员在提名截止时

① 谢峰：《英国工党领袖选举制度演变研究》，载《当代世界与社会主义》，2013 年第 1 期，第 97 页。

② Thomas Quinn，“Leasehold or Freehold? Leader–Eviction Rules in the British Conservative and Labour Parties”，*Political Studies*，Vol.53，No.4，2005，pp.795–796.

间前选择支持阿伯特，使她进入了候选人名单。[①] 也有评论认为，戴维·米利班德提名阿伯特旨在分散支持埃德·米利班德的左翼阵营选票。[②] 麦克唐纳再度参选，仅有 16 票提名，未能达到 33 票的门槛。（如表 3.3）

表 3.3 2010 年工党领袖选举提名情况（单位：票）[③]

选举团 / 候选人	工党下议院议员	选区工党	附属团体
埃德·米利班德	63	151	9
戴维·米利班德	81	165	3
鲍尔斯	33	17	1
伯纳姆	33	45	1
阿伯特	33	20	3
未参加提名	14	234	14

在 2010 年工党领袖选举中，左翼立场鲜明的候选人没有赢得更多的支持。舆观和《星期日泰晤士报》（The Sunday Times）的调查显示，工党党员对于 2010 年领袖候选人意识形态的评判，以最左（–100）到最右（+100）为政治光谱，分别是阿伯特（–66）、伯纳姆（–32）、埃德·米利班德（–31）、鲍尔斯（–28）、戴维·米利班德（–2）。工会会员对候选人的认知呈现相似的定位分布。[④] 然而，强硬左翼阿伯特在第一轮计票中就以 7.42% 的最低得票率

① 阿伯特也毕业于剑桥大学。

② James Chapman, "David Miliband Accused of Helping Diane Abbott Into Labour Leadership Race to Damage His Brother's Chances", https://www.dailymail.co.uk/news/article-1285206/David-Miliband-stitch-lets-Diane-Abbott-Labour-leadership-contest.html.

③ Hugh Pemberton and Mark Wickham-Joness, "Brothers All? The Operation of the Electoral College in the 2010 Labour Leadership Contest", *Parliamentary Affairs*, Vol.66, No.4, 2013, p.714.

④ Anthony Wells, "Neck and Neck", https://yougov.co.uk/topics/politics/articles-reports/2010/09/13/neck-and-neck.

遭到淘汰，另一位党内左翼伯纳姆也在第二轮计票时排名末位。他们的票数根据选票上的排序依次计入了其他候选人。（如表 3.4）

表 3.4　2010 年工党领袖选举第一轮计票结果 ①

候选人＼选举团	工党议员	工党党员	工党附属团体成员	总计
埃德·米利班德	84 票	37 980 票	87 585 票	34.33%
戴维·米利班德	111 票	55 905 票	58 189 票	37.78%
鲍尔斯	40 票	12 831 票	21 618 票	11.79%
伯纳姆	24 票	10 844 票	17 904 票	8.68%
阿伯特	7 票	9314 票	25 938 票	7.42%
总计	266 票	126 874 票	211 234 票	100%

戴维·米利班德并未因为布莱尔主义者（Blairite）和党内右翼的身份而受到太大的影响，议员提名、选区提名和选前民调均保持领先。埃德·米利班德积极争取工会的支持，其工会成员的民调支持率从 2010 年 7 月的 26% 升至 9 月的 36%，而戴维·米利班德的支持率从 34% 降至 29%。②

2010 年 8 月 16 日到 9 月 22 日为投票时间，9 月 25 日宣布选举结果。在前三轮的计票中，戴维·米利班德分别以 37.78%∶34.33%、38.89%∶37.47%、42.72%∶41.26% 的总得票率领先埃德·米利班德，到最后一轮计票中仍然在工党议员和工党党员选举团中保持优势（如表 3.5）。然而，工会领导人对戴维·米利班德接近“新工党”理念的立场表示不满，占据附属团体成员多数的三大工会英国联合工会（Unite）、英国公共服务业总工会（Unison）和

① Neil Johnston，“Leadership Elections: Labour Party”，https://researchbriefings.files.parliament.uk/documents/SN03938/SN03938.pdf.

② Hugh Pemberton and Mark Wickham-Joness，“Brothers all? The Operation of the Electoral College in the 2010 Labour Leadership Contest”，*Parliamentary Affairs*，Vol. 66，No. 4，2013，p.726.

英国总工会（GMB）均宣布支持埃德·米利班德，加上埃德·米利班德在工党议员和党员选举团的劣势随着选票转移而不断收窄，使获得大工会支持的埃德·米利班德最终险胜。1981 年工党选举制度改革以来，首次出现竞选初期领先的候选人未能获胜的情况。

表 3.5　2010 年工党领袖选举结果（单位：%）①

计票轮次	候选人	工党议员	选区工党	附属团体	总计
第一轮	埃德·米利班德	10.53	9.98	13.82	34.33
	戴维·米利班德	13.91	14.69	9.18	37.78
第二轮	埃德·米利班德	11.11	11.13	15.23	37.47
	戴维·米利班德	14.02	15.08	9.80	38.89
第三轮	埃德·米利班德	12.12	12.43	16.71	41.26
	戴维·米利班德	15.78	16.08	10.86	42.72
第四轮	埃德·米利班德	15.52	15.20	19.93	50.65
	戴维·米利班德	17.81	18.14	13.40	49.35

直至最后一轮，埃德·米利班德的选票都没有达到工党议员和党员的多数，领袖权威受到质疑。2010 年领袖选举的进程和结果表明，1993 年一人一票制改革对于工会地位的削弱作用存在局限性。有报道指出，三大工会投入了 100 万英镑用于支持埃德·米利班德的竞选活动。② 埃德·米利班德的竞选经费有一半以上来自三大工会，而戴维·米利班德只有 11% 的竞选经费来自工会。工会还通过推送竞选广告、建议投票意向和针对性发放选票等方

① Neil Johnston，“Leadership Elections: Labour Party”，https://researchbriefings.files.parliament.uk/documents/SN03938/SN03938.pdf.

② Isabel Oakeshott，“The Secret Army That Swung it for Ed Miliband”，https://www.thetimes.co.uk/article/the-secret-army-that-swung-it-for-ed-miliband-2mks27qt3v2.

式影响会员的投票结果。工会对于工党领袖选举的影响备受争议，埃德·米利班德甚至被指责为“工会的傀儡”（Puppet of Unions）[①]。

米利班德担任党魁期间，工党最大的附属团体英国联合工会操控福尔柯克地区议员候选人推选流程的行为遭到了媒体曝光，引发了工党的内部调查。[②]随后，米利班德启动了工党和工会关系的评估工作，形成了《柯林斯评估报告》（*Collins Review*）。在报告建议的基础上，工党出于扩大党内民主、削弱工会影响、调动党员参与、争取社会关注等考虑，对沿用30余年的制度进行了根本的改革。这次改革扩大了投票群体的范围，简化了参与投票的手续，削弱了议会党团和工会领导人的作用，增加了竞选过程和选举结果的不确定性。

在参选资格方面，当领袖职务处于空缺状态时，参选门槛要求的议员提名从12.5%增至15%，以便强化议会党团的前期遴选作用；在候选人对现任领袖发起挑战时，参选门槛维持20%的比例。

在投票方式方面，取消选举团的比例制度，实现一人一票同票同权，不再实行繁琐的换算方式。每一名工党议员与普通党员、附属团体成员和注册支持者的选票具有完全相等的权重，每一名投票者只能以一种身份投一次票。

在投票群体方面，附属团体成员表示认同工党目标和理念并且提供联系方式便可以选择参加投票（Opt in）。这次改革新设的注册支持者（Registered Supporters）群体类似2011年法国社会党总统候选人党内初选的党外投票者，即非工党正式党员或非附属团体正式成员只要表示支持工党的目标和理念、按时完成个人的信息登记并交纳3英镑的费用，就能参加工党领袖选举的投票。

新的领袖选举制度于2015年首次实行。埃德·米利班德辞职后，工党领袖选举于5月13日开启，6月15日是候选人争取议员提名的截止时间，8月12日为工党党员、附属团体成员和注册支持者成为投票者的截止时间，8

① Macer Hall，“More Proof That Ed Miliband is Just Puppet of Unions”，https://www.express.co.uk/news/uk/394822/More-proof-that-Ed-Miliband-is-just-puppet-of-unions.

② Guardian，“Labour Party’s Falkirk Membership Inquiry Report”，https://www.theguardian.com/politics/interactive/2014/feb/03/falkirk-membership-inquiry-report-labour.

月14日至9月10日为选票分发和回收时间。

工党影子内阁养老大臣利兹·肯德尔（Liz Kendall），商务、创新与技能大臣楚卡·乌穆纳（Chuka Umunna），卫生大臣伯纳姆，内政大臣伊维特·库伯（Yvette Cooper），国际发展大臣玛丽·克雷格（Mary Creagh）和后座议员科尔宾相继宣布参选。根据参选资格的要求，候选人需要15%的议会党团成员即35名以上工党议员的提名。伯纳姆时隔五年从边缘人选晋升为热门人选，库伯是2010年候选人鲍尔斯的妻子，党内右翼肯德尔有68.2%的提名选票来自2010年支持戴维·米利班德的议员，乌穆纳和克雷格则提前退出了竞选。强硬左翼代表人物科尔宾在最后24小时新增了18名议员提名，勉强达到条件成为第四名候选人。[①]他被工党议员视为辩论环节和竞选过程的陪跑者，类似于五年前的阿伯特，因而伯纳姆也参加了科尔宾的提名。一部分工党议员提名科尔宾只是希望增加选举的代表性和辩论的多样性，并非支持他的观点。[②]科尔宾接受采访时坦言，参选只是“推动工党的辩论”，阿伯特和麦克唐纳曾经尝试，“现在轮到我了”。[③]

这次选举不仅是左翼与右翼的博弈，而且是草根与精英的较量。作为30多年的工党后座议员，科尔宾从未担任过党内要职。在竞选过程中，科尔宾引起了越来越多的关注。对此，党内重要人物纷纷表示担忧。布莱尔撰文抨击科尔宾的政策如同“爱丽丝梦游仙境”（Alice in Wonderland），警告一旦科尔宾当选，工党可能陷入分裂的“选举灾难”。[④]布朗称工党面临沦为“抗议党”

① Hugh Pemberton and Mark Wickham-Jones, “Factionalism in the Parliamentary Labour Party and the 2015 Leadership Contest”, *Renewal*, Vol. 23, No. 3, 2015, p.7.

② “Labour Leadership: Jeremy Corbyn Completes the Line-up”, http://www.bbc.com/news/uk-politics-33127323.

③ Simon Hattenstone, “Jeremy Corbyn: ‘I Don’t Do Personal’”, https://www.theguardian.com/politics/2015/jun/17/jeremy-corbyn-labour-leadership-dont-do-personal.

④ Toby Helm and Daniel Boffey, “Corbynmania Is ‘Alice in Wonderland’ Politics, Says Tony Blair in Final Plea”, https://www.theguardian.com/politics/2015/aug/29/tony-blair-corbynmania-alice-in-wonderland.

的危险。[1]戴维·米利班德认为，科尔宾关于国有化、退出欧盟、增加富人税收等主张，在20世纪80年代初就被事实证明是错误的。[2]尽管党内精英试图阻击科尔宾的竞选，但是科尔宾的支持率不降反增，以至于布莱尔承认自己的忠告“无人倾听”。右翼媒体《每日电讯报》（*Daily Telegraph*）还呼吁读者登记成为工党的注册支持者进而投票支持科尔宾以便“摧毁工党”。[3]

在新规则之下，议员提名环节成为议会党团对领袖人选施加影响力的唯一环节，却没有引起工党议员的足够重视。选区工党、工党附属工会和附属社会主义团体的提名虽然不起实质作用，但科尔宾展现了雄厚的社会基础，尤其是获得了英国联合工会和英国公共服务业总工会两大工会的重要支持。（如表3.6）

表3.6　2015年工党领袖选举提名情况[4]

类别 / 候选人	工党下议院议员[5]	工党欧洲议会议员	选区工党	附属工会	附属社会主义团体
科尔宾	36票（15.5%）	2票	152票	6票	2票
伯纳姆	68票（29.3%）	4票	111票	3票	0票
库伯	59票（25.4%）	12票	109票	2票	1票
肯德尔	41票（17.7%）	2票	18票	0票	1票

① Rowena Mason and Josh Halliday, "Gordon Brown Urges Labour Not to Be Party of Protest by Choosing Jeremy Corbyn", https://www.theguardian.com/politics/2015/aug/16/gordon-brown-warning-against-jeremy-corbyn-labour-leadership.

② Rowena Mason, "David Miliband: Electing Jeremy Corbyn Risks Creating One-Party Tory State", https://www.theguardian.com/politics/2015/aug/17/david-miliband-electing-jeremy-corbyn-risks-one-party-tory-state.

③ Toby Young, "Why Tories Should Join Labour and Back Jeremy Corbyn", https://www.telegraph.co.uk/news/general-election-2015/politics-blog/11680016/Why-Tories-should-join-Labour-and-back-Jeremy-Corbyn.html.

④ Thomas Quinn, "The British Labour Party's Leadership Election of 2015", *The British Journal of Politics and International Relations*, Vol.18, No.4, 2016, p.763.

⑤ 28名工党议员没有提名人选。

起初，伯纳姆的民调支持率领先，科尔宾位列最后。[①] 但随着竞选活动的开展，科尔宾的知名度和支持率不断攀升并反超伯纳姆。结果，科尔宾在第一轮计票中就以 59.48% 的支持率胜出，甚至超过了 1994 年布莱尔当选工党领袖时的 56.9%。尽管科尔宾仅获 13 张工党议员选票，但议员选票的权重已大不如前，每一票只相当于一名普通党员、附属团体成员或者注册支持者的分量。与 2010 年占三分之一权重相比，工会部分的选票作用同样大幅下降，实际参与投票的工会会员明显落后于注册支持者。科尔宾在各个群体中均有巨大的领先优势，甚至凭借 8.8 万张注册支持者的选票就能够轻松获胜。（如表 3.7）在副领袖选举中，汤姆·沃森（Tom Watson）历经三轮计票以 50.72% 的得票率胜选。[②]

表 3.7　2015 年工党领袖选举结果[③]

候选人	工党党员		附属团体成员		注册支持者		总票数	总得票率
	票数	比例	票数	比例	票数	比例		
科尔宾	121 751 票	49.59%	41 217 票	57.61%	88 449 票	83.76%	251 417 票	59.48%
伯纳姆	55 698 票	22.69%	18 604 票	26.00%	6160 票	5.83%	80 462 票	19.04%
库伯	54 470 票	22.19%	9043 票	12.64%	8415 票	7.97%	71 928 票	17.02%
肯德尔	13 601 票	5.54%	2682 票	3.75%	2574 票	2.44%	18 857 票	4.46%

① Joe Murphy，“Voters Want Next Labour Leader to Be Like Tony Blair，Poll Shows”，https://www.standard.co.uk/news/politics/voters-want-next-labour-leader-to-be-like-tony-blair-poll-shows-10328384.html.

② Neil Johnston，“Leadership Elections: Labour Party”，https://researchbriefings.files.parliament.uk/documents/SN03938/SN03938.pdf.

③ 同上。

2015 年工党领袖候选人的政治立场大致是强硬左翼科尔宾、温和左翼伯纳姆、中间派库伯和右翼现代派肯德尔。① 与 5 年前相比，工党党员和附属团体成员的政治立场已有左转的态势。舆观的调查显示，在 2015 年领袖选举中，左翼立场的投票者占全部投票者的比重上升。"非常左翼"（Very Left-Wing）和"相当左翼"（Fairly Left-Wing）立场的投票者分别从 2010 年的 12% 和 41% 上升为 19% 和 45%，"轻微中左"（Slightly Left-of-Centre）和"中间立场"（Centre）的投票者从 2010 年的 34% 和 10% 下降为 27% 和 6%。投票者的政治立场从 2010 年的平均值"−48"变为 2015 年的"−57"。科尔宾的政治立场为"−77"，科尔宾支持者的平均政治立场为"−67"。② 根据政党空间竞争理论，选民知道自己在单维意识形态光谱中的位置，在投票时会寻找在意识形态上与自己最为接近的政党。③ 运用该理论框架分析 2015 年工党领袖选举，科尔宾取胜在某种程度上是投票群体政治取向变化的结果，并通过新的选举规则得以反映出来。（如表 3.8）

表 3.8　2010 年和 2015 年工党领袖选举投票者意识形态的自我定位（单位：%）④

年份＼立场	非常左翼	相当左翼	轻微中左	中间立场	轻微中右	相当右翼	非常右翼
2010	12	41	34	10	2	2	0
2015	19	45	27	6	2	1	0

① Hugh Pemberton and Mark Wickham Jones, "Factionalism in the Parliamentary Labour Party and the 2015 Leadership Contest", *Renewal*, Vol.23, No.3, 2015, p.9.

② Thomas Quinn, "The British Labour Party's Leadership Election of 2015", *The British Journal of Politics and International Relations*, Vol.18, No.4, 2016, pp.769–770.

③ 艾伦·韦尔著，谢峰译：《政党与政党制度》，北京：北京大学出版社，2011 年版，第 5 页。

④ Thomas Quinn, "The British Labour Party's Leadership Election of 2015", *The British Journal of Politics and International Relations*, Vol.18, No.4, 2016, pp.769–770. 2010 年受访的投票者指工党党员和工会成员，不含下议院议员和欧盟议会议员。2015 年受访的投票者包括工党党员、注册支持者和附属团体成员。

2016 年 6 月“脱欧”公投引发了英国政坛的动荡。保守党和英国独立党发生了领袖更迭，科尔宾和工党温和派的矛盾激化。科尔宾在担任后座议员时就经常发表批评欧盟的言论。当选领袖后，他被视为近 30 年来最疑欧的工党领导人。工党高层称，科尔宾对待“脱欧”问题态度暧昧，在“脱欧”公投前夕没有全力动员民众“留欧”，导致三分之一的工党支持者选择“脱欧”。金诺克、布朗和埃德·米利班德公开呼吁科尔宾离任。

影子内阁外交大臣希拉里·本（Hilary Benn）因反对科尔宾而被解除职务，引发了超过三分之二的影子内阁成员提交辞呈，科尔宾不得不任命仅有一年议会经验的后座议员进入影子内阁。工党议员对科尔宾发起的不信任动议以 172 票∶40 票通过。面对工党高层的批评声、影子内阁的离职潮和工党议员的不信任动议，科尔宾声称决不辜负选民信任，拒绝引咎辞职。由于不信任动议缺乏强制力，反科尔宾阵营只能通过领袖重选程序试图取代科尔宾。

这次选举偏重程序之争。在参选资格方面，工党章程没有明确现任领袖能否自动进入候选人名单。反科尔宾阵营认为科尔宾应该像 1988 年金诺克一样取得足够的议员提名，但工党全国执行委员会以 18 票∶14 票的结果同意科尔宾无须获得 20% 的工党议员提名而成为候选人。该项决定受到反科尔宾阵营的质疑，甚至向高等法院提交了法律诉讼。在投票时间方面，反科尔宾阵营要求推迟两周确保拥有充分的准备时间，但未被全国执行委员会采纳。在投票资格方面，全国执行委员会规定注册支持者要交纳 25 英镑的费用，2015 年领袖选举交过 3 英镑的注册支持者也要重新交费，并且只开放了 2 天的登记时间。工党党员和附属团体成员要求加入时间满 6 个月，即在 2016 年 1 月 12 日之前加入该组织才有投票权。截止日期之后加入工党的 15 万新党员被排除在投票者之外，只能在 2 天时间内登记成为注册支持者才能获得投票权。科尔宾阵营向高等法院提交了法律诉讼，质疑提高注册支持者费用门槛和投票者时间门槛的做法限制了支持科尔宾的草根群体。

2016 年 7 月 14 日，工党公布领袖选举日程。7 月 19 日，影子内阁商务大臣安吉拉·伊戈尔（Angela Eagle）退出竞选，转而支持影子内阁就业与退休保障大臣史密斯参选。史密斯获得了162名工党下议院议员和10名欧洲议会议员的提名，占据了议会党团的多数。

在2016年领袖选举中，工党党员、附属团体成员和注册支持者的投票率分别为83.02%、59.37%和94.20%。[①]科尔宾占尽优势，最终赢得31.3万票，得票率从2015年的59.4%提升到61.8%（如表3.9）。尽管大批支持科尔宾的新成员被排除在选举之外，但是200余名工党议员仍然无法影响几十万工党党员、注册支持者和附属团体成员共同决定的结果。

表3.9 2016年工党领袖选举结果[②]

候选人	工党党员		注册支持者		附属团体成员		总票数	总得票率
	票数	比例	票数	比例	票数	比例		
科尔宾	168 216票	59.0%	84 918票	69.9%	60 075票	60.2%	313 209票	61.8%
史密斯	116 960票	41.0%	36 599票	30.1%	39 670票	39.8%	193 229票	38.2%

调查显示，史密斯获得更多老党员的支持，而新党员更倾向于支持科尔宾。党员入党时间越晚，支持科尔宾的比例越高。在2015年领袖选举之前入党的投票者中，史密斯的支持率领先科尔宾达26%；在2015年科尔宾当选之后入党的投票者中，科尔宾的支持率领先史密斯68%。[③]2015年5月前后加入的党员的背景存在明显的区别。41%的新党员家庭总收入低于3.5万英镑的国家平均值，而34%的老党员家庭低于该标准。52%的新党员是女性，

① Tim Niendorf, "Leadership Election Reform in the British Labour Party Democratisation or Power Struggle", *British Politics*, 2021.

② Neil Johnston, "Leadership Elections: Labour Party", https://researchbriefings.files.parliament.uk/documents/SN03938/SN03938.pdf.

③ Matthew Smith, "Labour Leadership Election: Members' Vote Breakdown", https://yougov.co.uk/topics/politics/articles-reports/2016/09/24/labour-members-exit-poll-corbyn-wins-all-except-yo.

而 38% 的老党员是女性。[①]

2016 年领袖选举是工党成立以来第四次出现挑战现任领袖的情况，前三次均是在野时期发生，分别为 1960 年威尔逊挑战盖茨克尔、1961 年格林伍德挑战盖茨克尔和 1988 年托尼·本挑战金诺克。尽管挑战者获得足够的提名，理论上每年可以启动领袖选举，但这毕竟是耗费大量资源、损害政党形象的选项。在工党选举制度和投票成员没有发生重大变动的情况下，反科尔宾阵营只能接受科尔宾连任的结果和短期内难以重选的事实。

这次选举结束后，公开反对科尔宾的工党议员处境尴尬，担心招致科尔宾及其支持者的惩罚，影响自己的政治前途。不过，无论是科尔宾阵营的影子内阁财政大臣麦克唐纳、影子内阁卫生大臣阿伯特，还是挑战者史密斯、伦敦市长萨迪克 · 汗（Sadiq Khan），都呼吁弥合内部分歧，团结一致对抗保守党政府。科尔宾的胜选演讲和工党年会演讲也强调了政党团结的重要性。2016 年工党年会后，他重新任命了一批离职议员，充实了影子内阁和前座议员的队伍，化解了公开反对者的担忧，缓和了党内左右翼的关系。

此后，工党对于领袖选举制度继续进行评估和调整。其中，2017 年工党年会以 63.9% ∶36.1% 的结果通过了候选人资格的修改方案。党内左翼出于确保科尔宾的继任者能够获得参选资格的考虑，推动候选人资格门槛的修改，把领袖职务空缺情形下的工党议员提名比例从 15% 降为 10%。[②]2019 年版工党章程强化了选区工党和附属团体的地位，要求领袖候选人除了获得足够的议员提名，还需要 5% 的选区工党提名，或者至少 3 个附属团体、涵盖 5% 附属团体成员的提名，3 个团体之中至少有 2 个附属工会。

2019 年 12 月大选失利引发了工党领袖更迭。2020 年 1 月 6 日，工党全国执行委员会通过并公布了领袖选举安排。在投票者资格方面，1 月 14 日至 1 月 16 日是注册支持者的登记时间，交纳费用为 25 英镑；1 月 20 日是加入

---

① Monica Poletti，et al. “Explaining the Pro-Corbyn Surge in Labour’s Membership”，http://blogs.lse.ac.uk/europpblog/2016/11/25/explaining-corbyn-surge/.

② 该修改被称为“麦克唐纳修正案”（*McDonnell Amendment*），因科尔宾盟友、影子内阁内政大臣麦克唐纳于 2007 年和 2010 年两度参选未能达到议员提名门槛。

工党及其附属团体并且享有此次选举投票权的截止时间。2 月 24 日至 4 月 2 日为选票发放和回收时间。

在候选人提名方面，1 月 13 日为议会党团部分的截止时间，克莱夫 · 刘易斯（Clive Lewis）没有达到 22 名议员的提名门槛；2 月 15 日为选区工党和附属团体部分的截止时间，议员杰西 · 菲利普斯（Jess Phillips）提前退出，影子内阁外交大臣艾米莉·索恩伯里（Emily Thornberry）未能满足参选资格。

从提名阶段起，斯塔默显示出广泛的认可度。在 212 名工党议员（含欧洲议会议员）、648 个选区工党和 32 个附属团体中，影子内阁"脱欧"大臣斯塔默和商业大臣朗 · 贝利分别获得了 88 名和 34 名工党议员、374 个和 164 个选区工党、15 个和 7 个附属团体的提名。另一名候选人丽莎·南迪（Lisa Nandy）属于党内温和左翼，曾于 2016 年辞去影子内阁能源与气候变化大臣的职务，并协助史密斯挑战科尔宾的领袖地位。（如表 3.10）

表 3.10　2020 年工党领袖选举候选人提名情况 [①]

类别 / 候选人	工党议员人数（人）	选区工党数量（个）	附属团体数量（个）
斯塔默	88	374	15
朗 · 贝利	34	164	7
丽莎 · 南迪	31	72	4

工会家庭出身的朗 · 贝利没有在附属团体部分取得优势。工党五大附属工会中的英国公共服务业总工会和英国总工会分别选择支持斯塔默和南迪。（如表 3.11）

① Neil Johnston, "Leadership Elections: Labour Party", https://researchbriefings.files.parliament.uk/documents/SN03938/SN03938.pdf.

表 3.11　工党五大附属工会提名领袖候选人情况（2010 年至 2020 年）[①]

工会 \ 年份	2010	2015	2016	2020
英国联合工会	埃德·米利班德	科尔宾	科尔宾	朗·贝利
英国公共服务业总工会	埃德·米利班德	科尔宾	科尔宾	斯塔默
英国总工会	埃德·米利班德	未推荐	史密斯	南迪
英国商店雇员工会	戴维·米利班德	伯纳姆	史密斯	斯塔默
英国通信工人工会	鲍尔	科尔宾	科尔宾	朗·贝利

2020 年领袖选举的焦点在于如何对待科尔宾时期工党的路线方针。斯塔默政治立场温和，曾经退出科尔宾的影子内阁并支持史密斯挑战科尔宾。此次参选，斯塔默获得埃德·米利班德、库伯、希拉里·本等党内要员的支持。朗·贝利则是科尔宾的核心团体成员，受到科尔宾及其支持者的青睐，被视为“科尔宾的延续”（Continuity Corbyn）[②]。在工党党员中，朗·贝利的支持者有 97% 认为科尔宾作为工党领袖表现良好，斯塔默和南迪的支持者各有 62% 和 60% 认为科尔宾表现不好。[③]

在连续 4 次大选失利的背景下，变革成为党内外的主要诉求。在竞选过程中，斯塔默保持着比较明显的优势，展现了良好的政治形象和可靠的竞选能力。在工党党员和附属团体成员中，斯塔默的支持率大幅领先朗·贝利，

---

① Tim Niendorf，“Leadership Election Reform in the British Labour Party Democratisation or Power Struggle”，*British Politics*，2021.

② 朗·贝利对此曾经进行否认，参见：Ayesha Hazarika and Joe Murphy，“Rebecca Long-Bailey: Continuity Corbyn? I Follow My Own Path”，https://www.standard.co.uk/news/politics/rebecca-longbailey-interview-labour-leadership-race-a4382071.html。

③ Matthew Smith，“Keir Starmer Beats Rebecca Long-Bailey by 63% to 37% in Second YouGov Poll of Labour Members”，https://yougov.co.uk/topics/politics/articles-reports/2020/01/18/keir-starmer-beats-rebecca-long-bailey-63-37-secon.

后者仅在 2015 年至 2019 年期间，即科尔宾时期加入工党的党员群体中取得微弱的领先地位。① 关于工党党员的调查结果显示，50% 的受访者认为斯塔默能够团结工党，仅有 18% 的受访者认为朗·贝利可以做到；63% 的受访者认为斯塔默能够赢得下一次大选，只有 26% 的受访者觉得朗·贝利能够实现。② 在 2019 年大选的工党支持者中，39% 选择支持斯塔默，24% 选择朗·贝利。③

最终投票结果显示，工党党员、附属团体成员和注册支持者的投票率分别为 72.63%、34.94% 和 95.45%。被视为不同于科尔宾的温和左翼——斯塔默在首轮投票中就以 56.21% 的总得票率当选工党新任领袖。朗·贝利得票率为 27.56%，附属团体成员的选票甚至低于南迪。在注册支持者方面，朗·贝利仅获得 650 票，远低于 2016 年科尔宾连任时的 84 918 票。（如表 3.12）

在副领袖选举中，工党党员、附属团体成员和注册支持者的投票率分别为 68.75%、31.84% 和 88.54%。朗·贝利的支持者、影子内阁教育大臣安吉拉·雷纳（Angela Rayner）获得 88 名议员、365 个选区工党和 12 个附属团体的提名，经过 3 轮计票以 52.58% 的得票率当选。④

---

① Chris Curtis，“Keir Starmer Holds onto His Commanding Lead in Battle for the Labour Leadership”，https://yougov.co.uk/topics/politics/articles-reports/2020/02/26/keir-starmer-holds-his-commanding-lead-battle-labo.

② YouGov，“YouGov / RLB Survey Results”，https://docs.cdn.yougov.com/m3og65nsmm/RLB_LabMembers_Feb20.pdf.

③ Gideon Skinner，et al. “Low Public Awareness of All the Labour Leadership Candidates，Although Keir Starmer Starting in a Stronger Position”，https://www.ipsos.com/ipsos-mori/en-uk/low-public-awareness-all-labour-leadership-candidates-although-keir-starmer-starting-stronger.

④ Neil Johnston，“Leadership Elections: Labour Party”，https://researchbriefings.files.parliament.uk/documents/SN03938/SN03938.pdf.

表 3.12 2020 年工党领袖选举结果[①]

类别 / 候选人	工党党员		注册支持者		附属团体成员		总票数	总得票率
	票数	比例	票数	比例	票数	比例		
斯塔默	225 135 票	56.07%	10 228 票	78.64%	40 417 票	53.13%	275 780 票	56.21%
朗·贝利	117 598 票	29.29%	650 票	5.00%	16 970 票	22.31%	135 218 票	27.56%
南迪	58 788 票	14.64%	2128 票	16.36%	18 681 票	24.56%	79 597 票	16.22%

斯塔默上任后，继续推动领袖选举制度的改革，试图回归议会党团、选区工党、附属团体各占一定比例的选举团制度。他还提出附属团体成员无须登记为工党支持者也能直接参加投票。该方案不仅大幅增加附属团体投票者的人数，而且会重新增强议会党团的作用，200 余名工党议员的选票权重将等同于 40 多万的工党党员和 200 多万的附属团体成员。在选举团制度之下，即使工党不取消注册支持者的类别，科尔宾也会在 2016 年领袖选举中以 47.79%：52.21% 的结果落败。[②] 斯塔默的方案遭到了党内左翼和工会的反对，经过妥协提交表决的版本减小了改革幅度。工党全国执行委员会以 22 票：12 票的结果通过了改革方案。在 2021 年工党年会表决前夕，该方案获得了英国公共服务业总工会的重要支持，最终以 53.67%：46.33% 的结果通过。[③]

根据新规则，领袖候选人仍需要 5% 的选区工党或者附属团体成员的提名，议会党团部分的提名人数则从 10% 上调到 20%。新方案还彻底取消了注册支持者的投票类别，明确规定工党党员和附属团体成员加入 6 个月之后才具备领袖选举的投票资格。斯塔默表示，改革标志着工党努力在面向民众和赢得大选上取得重要进展。工党将密切关注民众关切，为他们提供可信和进

① Neil Johnston，“Leadership Elections: Labour Party”，https://researchbriefings.files.parliament.uk/documents/SN03938/SN03938.pdf.

② Tim Niendorf，“Leadership Election Reform in the British Labour Party Democratisation or Power Struggle”，*British Politics*，2021.

③ Elliot Chappell and Sienna Rodgers，“Every Rule Change at Labour Conference 2021: What it Means and How it Passed”，https://labourlist.org/2021/10/every-rule-change-at-labour-conference-2021-what-it-means-and-how-it-passed/.

取的替代选择。[1] 由于2010年的阿伯特、2015年的科尔宾和2020年的朗·贝利均未获得20%的议员提名，科尔宾的当选也离不开注册支持者的大批选票，斯塔默的改革更像是针对科尔宾连续胜选和党内左翼持续施压的回应。这次参选资格和投票资格的新变化无疑弱化了未来党内左翼当选领袖的可能性。（如表3.13）

表3.13　工党领袖选举（1980年至2020年）[2]

年份	背景	投票者	有望取胜	最终获胜	得票率	关键标准[3]
1980	职位空缺	议员	富特	富特	51.8%	可接受性
1983	职位空缺	选举团	金诺克	金诺克	71.3%	可接受性
1988	发起挑战	选举团	金诺克	金诺克	88.6%	全部
1992	职位空缺	选举团	史密斯	史密斯	91.0%	全部
1994	职位空缺	选举团	布莱尔	布莱尔	57.0%	全部
2007	职位空缺	未开展选举	无	布朗	无	无
2010	职位空缺	选举团	戴维·米利班德	埃德·米利班德	50.6%	可接受性
2015	职位空缺	工党及其附属团体成员、注册支持者	伯纳姆	科尔宾	59.4%	可接受性
2016	发起挑战	工党及其附属团体成员、注册支持者	科尔宾	科尔宾	61.8%	可接受性
2020	职位空缺	工党及其附属团体成员、注册支持者	斯塔默	斯塔默	56.2%	全部

---

① Jessica Elgot, "Labour Leadership Rule Changes Pass After Last-Minute Unison Backing", https://www.theguardian.com/politics/2021/sep/26/labour-leadership-rule-changes-pass-last-minute-unison-deal-starmer.

② Andrew Denham and Peter Dorey, "Tales of the Unexpected: The Selection of British Party Leaders Since 1963", *British Politics*, Vol.13, No.2, 2017, p.187. 本表格在原表格基础上补充2020年选举情况。

③ 贡纳·苏博伦（Gunnar Sjoblom）把政党在议会民主制中的战略目标归纳为保持团结、赢得选举和实行政策。在此基础上，莱昂纳德·斯塔克（Leonard Stark）把政党领袖竞选标准的重要程度依次排列为可接受性（Acceptability）、可选性（Electability）、竞争力（Competence）。斯塔克模型（Stark Model）被政党研究的学者广为使用。参见：Leonard Stark, *Choosing a Leader: Party Leadership Contests in Britain From Macmillan to Blair*, London: Palgrave Macmillan, 1996。

总的来看，工党领袖选举制度变革主要表现为参选资格、投票资格、投票方式和计票方式等规则的变化，取决于党内左右翼两大阵营的持续博弈，体现了议会党团、选区工党和附属团体的力量消长，取决于党内左右翼两大阵营的持续博弈，反映了党内精英、积极分子和工会领导人在对应群体中的影响。

一方面，工党领袖选举制度变革具有时效滞后性。领袖选举活动和领袖人员更替往往成为领袖选举制度变革的先声。富特 1980 年获胜，1981 年工党引入选举团制度，投票范围从议会党团扩大到选区工党和附属团体。史密斯 1992 年当选，1993 年工党赋予普通党员和附属团体成员一人一票的权利。埃德·米利班德 2010 年获胜，2014 年工党取消选举团制度，给予注册支持者投票权利。斯塔默 2020 年获胜，2021 年工党取消注册支持者，并试图重新引入选举团制度。上述制度获益者充当了制度改革者的角色，对工党领袖选举制度进行了较大幅度的改动。

另一方面，工党领袖选举制度变革呈现动态平衡。在多次实践和争论中，工党领袖选举的日程安排、候选人资格、投票者资格、选票发放回收方式、选票计算公布方式等具体规则得到了不断完善。其中，参选资格的反复增减体现了不同时期工党议会党团政治立场和内部构成的变化。在选票权重方面，实行一人一票、取消选举团有利于发挥工党党员和附属团体成员的作用，但是议员提名门槛的提升和注册支持者的引入又会削弱工党党员和附属团体成员的影响。

二战结束后，历次针对现任领袖的选举挑战均以失败告终，而空缺情况下领袖选举的进程和结果时常超出制度设计者、新闻评论者和政党研究者的预测。因此，工党领袖选举及其变革具有复杂多样性。例如，议员选择提名或者支持某一位领袖候选人不一定意味着认同该候选人的政治立场或者认为该候选人能够带领工党赢得大选，而是有可能出于维护政党团结、保持个人关系、谋求职位晋升、削弱潜在对手、增加选举看点等多方面因素；在实行一人一票制之后，工党党员和附属团体成员选票的实际作用还取决于各自符合投票资格的人数及其投票率，党员和工会成员的积极性和投票率明显低于交纳小额费用临时参与领袖选举的注册支持者；一人一票制扩大了领袖选举的党内群体和党外群体，也增加了领袖选举的政治成本和经济成本，导致候选人发起挑战和议员表态支持挑战变得更加慎重。

值得注意的是，工党领袖和副领袖人选时常分别来自党内左右翼阵营，维持了微妙的平衡。在左右翼的传统角逐以外，以议会党团为代表的党内精英和以普通成员为代表的草根群体之间的博弈日益突出。近年来，频繁举行的领袖选举和制度变革正是在野时期工党不同组织、不同群体之间矛盾激化的生动写照。

二、工党机构设置及其团体变化

政党的组织形式与组织原则取决于时代背景、目标任务、政治制度和社会基础等因素。与直接内生于议会的精英党相比，相对严密的组织体系是欧洲社会民主党的重要优势。“英国工党与其他社会民主党相比更甚，其组织机构的复杂性在世界政党中都是极为少见的。”[①] 在百年发展历程中，工党逐渐构建了独特的组织结构、复杂的规章制度和庞大的外围组织，体现了纵横交错、内外交织、上下交汇的特点。

从纵向来看，工党主要有全国代表大会、全国执行委员会、全国政策论坛、议会党团、议员联合会、总部等中央组织和地区工党、选区工党、基层支部等地方组织。

在中央层面，全国代表大会也称年会，是工党最高权力机构。全国执行委员会受全国代表大会管理和指导，由委员会成员选举产生主席和副主席，下设平等委员会、商业委员会、审计、风险管理和合规委员会、组织委员会、争端解决小组，现有 39 名成员，包括工党领袖、副领袖、司库、平等委员会主席、3 名前座议员、3 名后座议员、13 名附属工会代表、1 名附属社会

① 葛丽：《当代欧洲社会民主党的组织变革》，济南：山东大学出版社，2016 年版，第 148 页。

主义团体代表、9名选区工党代表、2名地方政府代表以及苏格兰、威尔士、青年、残障人士、少数族裔等区域或群体代表。全国政策论坛现有8个政策委员会，负责围绕全国政策论坛的议题来起草政策文件，包括经济、商务和贸易，国际，健康和社会保障，幼年、教育和技能，司法和内务，住房、地方政府和交通，就业、养老和平等，环境、能源和文化等方面，由对应领域的影子内阁大臣和1名全国执行委员会成员联合召集。议会党团由下议院全体工党议员组成，包括领袖、副领袖、党鞭、内阁（充当反对党时为影子内阁）、前座议员和后座议员，在野时由领袖、副领袖、党鞭、议员代表等组成的议会委员会领导议会党团开展工作，执政时由内阁行使对应职能，并设立联络委员会与后座议员保持联系。工党在英格兰、威尔士和苏格兰地方政府任职的成员组成全国议员联合会（Association of Labour Councillors），并选举产生代表组成执行委员会。工党总部主要负责日常管理工作。

在地方层面，工党按照英国传统地理划分方式，在英格兰成立各地区工党及其执行委员会（Regional Executive Committee），在苏格兰成立苏格兰工党及其执行委员会，在威尔士成立威尔士工党及其执行委员会。在教区或社区以上选举产生的各级地方政府成立地方政府委员会，在每个拥有工党代表的地方政府成立地方政府工党党团。选区工党是工党根据英国下议院、苏格兰议会、威尔士议会和欧洲议会各选区划分所成立的组织，设有总委员会（General Committee）及其选举产生的执行委员会。选区工党直接对全国执行委员会负责，在全国代表大会、全国执行委员会、全国政策论坛等中央组织拥有固定比例的代表。选区工党下设分支机构类似于支部，其成员数量和覆盖范围要经过选区工党和全国执行委员会的同意。

从横向来看，工党各级组织设有专门机构面向对应的群体，全国代表大会、全国执行委员会、全国政策论坛等重要机构均有妇女、青年、少数族裔、残障人士的代表。中央层面设立了全国妇女大会及其委员会，英格兰各地区工党、苏格兰工党和威尔士工党分别设立地区妇女委员会和少数族裔委员会。14岁到26岁的青年党员可以在英格兰、苏格兰和威尔士成立地方青年工党团体，学生党员在全国范围组成学生工党（Labour Students）。选区工党可以设立妇女论坛、少数族裔论坛和其他经过全国执行委员会同意的论坛，从而把该选区的对应群体吸纳进来。2021 年工党年会决定成立新的全国妇女组织、全国少数族裔组织、全国残障人士组织和全国学生组织。

从外部来看，工党成立初期就有工会、费边社等附属团体。附属团体需要经过全国执行委员会批准才能加入，其主要类型有合作社、社会主义团体、全国职工大会的附属工会、经过全国执行委员会认定的工会、全国执行委员会认为与工党利益一致的其他组织。工党章程规定，附属团体要接受工党的纲领、政策和原则，遵守工党的章程和常设制度，向工党全国执行委员会提交本团体的政治规章。工会会员每人交纳 3 英镑作为附属团体费用，该笔费用按比例用于工党全国竞选基金；社会主义团体或其他附属团体成员每人交纳 1.25 英镑，按照 10% 的比例用于全国竞选基金。工党和附属团体的关系从中央延伸到基层，选区工党可以设置工党附属团体的基层组织。

截至 2021 年年底，工党有 20 个人数和规模不大的附属社会主义团体，如费边社、犹太劳工运动（Jewish Labour Movement）、左翼基督徒（Christians on the Left）、少数族裔工党（BAME Labour）、社会主义教育协会（Socialist Educational Association）、全国劳工和社会主义俱乐部联盟（National Union of Labour and Socialist Clubs）。其中，费边社以左翼智库而闻名于世，拥有 130 多年的历史、接近 50 个地方分支机构和 7000 余名成员，斯塔默及其半数影子内阁成员均是费边社成员。工党现有 11 个附属工会，均为职工大会的成员。附属工会按每 100 名会员交纳 6 英镑费用给所在的选区工党。在工业集中的选区，工会会员往往占据了选区工党的多数。由于工会规模庞大和地位特殊，工党设置了全国工会和工党联络委员会（National Trade Union and Labour Party Liaison Organisation）以及英格兰各地区、苏格兰、威尔士的地方工会联络委员会。

工会是工党附属团体和外围组织的主体力量，为工党的形成和发展提供了人员、资金、选票等方面的重要支持。与德国、法国、瑞典等欧洲大陆国家的社会民主党相比，英国工党的成立时间晚于所在国家的全国性工会组织，其政党生成逻辑是工会建党。

英国是工业革命和工人运动的起源地。1834 年，英国空想社会主义者罗伯特·欧文发起成立了全国各行业统一工会（Grand National Consolidated Trades Union）。此后，跨地区、跨行业的工会组织纷纷出现。英国职工大会作为 1868 年形成的全国性工会组织，先后通过议会委员会（Parliamentary Committee）、劳工代表联盟（Labour Representation League）、劳工选举协会（Labour Electoral Association）等形式参与选举政治并增强议会影响力。雇主也逐渐组织起来应对工人和工会的斗争，如 1893 年成立的“全国自由劳工协会”（The National Free Labour Association）宣称代表劳动自由的利益，旨在反对新工联主义，开展竞选和议会工作，破坏罢工活动。[①] 越来越多的工会领导人意识到工人阶级在议会要发出“更加直接、有效和有影响力的声音”[②]。1897 年，英国职工大会年会决定加强工会的联合化和组织化建设，以便更好地应对雇主团体、维护工会地位。在经济领域，职工大会成立了工会总联合会（General Federation of Trade Union），设立了罢工基金以供附属工会开展经济斗争。在政治领域，自由党竞选期间未能积极提名工人代表成为议员候选人，执政期间又无法满足工会的利益诉求，导致职工大会和自由党的合作关系逐步动摇。在经济斗争受挫和政治影响受限的情况下，职工大会决定邀请合作社团体和社会主义团体召开会议，组织起来支持劳工代表参加议会选举。[③]

面对保守党和自由党的绝对优势地位，独立工党和社会民主同盟开展竞选合作的实践也逐渐促使社会主义团体走向联合。其中，独立工党领导人哈第出身于矿工，发起成立过苏格兰矿工工会（Scottish Miners Union），受挫于自由党的议员候选人提名，致力于工会和社会主义团体的合作，对于工党的成立发挥了关键作用。在哈第看来，劳工运动离开工会的合作将无法成功。

---

① Geoffrey Alderman，“The National Free Labour Association a Case-Study of Organised Strike-Breaking in the Late Nineteenth and Early Twentieth Centuries”，*International Review of Social History*，Vol.21，No.3，1976，p.315.

② Brian Brivati and Richard Heffernan，eds. *The Labour Party: A Centenary History*，London: Palgrave Macmillan，2000，p.16.

③ 合作社联盟（Cooperators' Union）因未获得本组织年会的授权而没有派出代表出席。

“哈第和独立工党之所以能够成功，是因为他们完成了三项困难的使命：赢得工会的支持；把大多数争辩不休的社会主义者联合起来；赢得工人的选票。”①

1900 年，来自 62 个工会和独立工党、社会民主同盟、费边社的 129 名代表出席成立大会。经过讨论后，大会同意哈第关于组建议会独立劳工党团的提议，“推动有利于劳工利益的立法”②。大会决定成立名为劳工代表委员会的新组织，其执行委员会的构成方案原本是工会和社会主义团体各有 12 个和 6 个名额，最终方案改为工会和社会主义团体各占 7 个和 5 个名额，由各团体自行决定人选。其中，独立工党和社会民主同盟各有 2 名代表，费边社有 1 名代表。尽管工党首任领导人哈第和首任书记麦克唐纳来自独立工党，执行委员会也为社会主义团体保留接近一半的名额，但是社会主义团体的人数规模、组织体系、社会资源无法和工会相提并论。

在工业兴盛的年代，工会正值蓬勃发展的扩张阶段，覆盖面日益扩大，会员数不断增加。1900 年，劳工代表委员会有 41 个附属工会。③ 在集体党员制之下，附属工会 35.3 万会员占据了劳工代表委员会总人数的 93.9%。④ 工会每千名会员的会费为 10 先令，总额占劳工代表委员会首年总经费的 94%。⑤ “对工党早期的资金和全体党员至关重要的是工会。因此，用工会领袖和后来成为工党大臣的厄内斯特 · 贝文的话说，工党诞生于‘工会运动之中’。”⑥

---

① 克莱顿·罗伯茨等著，潘兴明等译：《英国史（下册）：1688 年—现在》，北京：商务印书馆，2013 年版，第 361 页。

② Brian Brivati and Richard Heffernan, eds. *The Labour Party: A Centenary History*, London: Palgrave Macmillan, 2000, p.19.

③ 虽然职工大会和工党没有建立正式的附属关系，但是工党附属团体成员大部分来自职工大会。

④ Henry Pelling and Alastair J. Reid, *A Short History of the Labour Party*, London: Palgrave Macmillan, 1996, p.197.

⑤ 李华锋：《英国工党与工会关系研究》，北京：人民出版社，2009 年版，第 43 页。

⑥ 比尔·考克瑟等著，孔新峰等译：《当代英国政治》，北京：北京大学出版社，2009 年版，第 192 页。

从成立之日起，工党就受到了工会的巨大影响。一方面，“塔夫河谷案”（Taff Vale Case）成为工会加大力度支持工党的催化剂。1900 年，威尔士塔夫河谷铁路工人发起罢工。次年，铁路公司按照雇主组织的建议要求铁路工会赔偿经济损失。法院判决工会赔偿 2.3 万英镑并支付诉讼费用。该事件违背了 1871 年《工会法》的基本准则，限制了工人维护权利的能力，使未来的罢工存在导致工会破产的可能。为了对抗资方和右翼政党的打压，机械工人工会、纺织工人工会等大工会相继加入工党，连最大的工会矿工联合会（Miners Federation）也从自由党阵营转向工党阵营。

另一方面，社会民主同盟因自身的政治主张不被接纳而于 1901 年退出工党，独立工党也发生内部分裂导致部分成员退出，加上费边社定位为智库，没有把工党和选举作为工作重点，使工党附属工会和社会主义团体力量对比进一步失衡。1902 年，工党已有 86.1 万成员。其中，附属团体的工会会员 84.7 万，合作社和社会主义团体成员 1.4 万。到了 1919 年，工党附属团体的工会会员达到了 346.4 万，合作社和社会主义团体成员仅有 4.7 万。[①]

1918 年工党党章和党纲的确立标志着工党“从一个由社会主义者与工会组成的松散联盟，改变成一个由工会支持的社会主义政党”[②]。此后，工会和工党保持着密切而微妙的关系。工会侧重经济事务，希望工党能够维护工人的利益，“在议会里阐述工会有限和防御性的政治议程”[③]。工党作为政治组织，希望工会能够配合自身的竞选活动、议会斗争和执政实践。

工党和工会的关系取决于工党的政坛沉浮、工党的内部博弈、工会的实力兴衰、工会的内部分化、两者的力量对比等客观因素和工党的政治目标、工会的利益诉求、两者的合作意愿等主观因素，还受到国家的经济形势、保

① Harry Harmer，*The Longman Companion to the Labour Party*，1900–1998，London: Routledge，1999，pp.11–12.

② 柯尔著，宋宁等译：《社会主义思想史（第四卷上册）》，北京：商务印书馆，1990 年版，第 403 页。

③ Brian Brivati and Richard Heffernan，eds. *The Labour Party: A Centenary History*，London: Palgrave Macmillan，2000，p.14.

守党的工会政策、工会的社会形象等因素影响。随着组织科层化、资金多元化、人员专职化、党员个体化、选民多样化程度不断增强，工党对工会的依赖程度随之减弱，两者的分歧和矛盾逐步暴露。有学者这样总结：1900 年至 1945 年是工党和工会关系的早期发展阶段，处于工会主导下的相对和谐状态；1945 年至 1983 年是工党和工会关系的起伏阶段，处于从相对和谐到冲突频仍的状态；1983 年至 2007 年是工党和工会关系的重塑阶段，处于工党主导下的社会伙伴状态。[①] 也有学者认为，工党和工会的等位协商关系初步形成于 20 世纪 20 年代初期，在 1940 年之后最终稳定下来。从 20 世纪末开始，工党逐渐从与工会的等位协商模式转向与社会的等位协商模式。[②]

总的来看，工党对于工会的依赖性和工会对于工党的影响力逐步下降，互为合作伙伴的关系取代了传统的盟友关系。尤其是 20 世纪 80 年代以后，工会受到了生产技术更新、产业结构变化、社会文化变迁、全球资本扩张、失业问题突出、右翼政府打压等因素的持续冲击，会员人数、覆盖范围、组织能力和政治地位明显下滑。1979 年有 77.5% 的受访者认为工会在英国的权力太大，17.2% 的受访者认为工会权力太小，到 1992 年只有 30.5% 的受访者认为工会权力太大，59.3% 的受访者认为工会权力太小。[③] 对于工党而言，只依靠工会的支持已经难以赢得大选，原有的政治理念和政策主张也无法扭转工人选票流失的趋势，因此，调整工党和工会的传统关系、改变工党作为工会的单一形象成为工党组织变革的重要内容。

金诺克对于工会的利益诉求和罢工活动不再盲目支持，而是日益强调工党的自主性和独立性。金诺克担任工党领袖期间，职工大会和工党联络委员会的地位逐渐下降直至停止活动。由于附属工会会员长期占据工党党员的绝对多数，金诺克积极推动工党发展个人党员数量和发挥个人党员作用。在

---

① 李华锋：《英国工党与工会关系研究》，北京：人民出版社，2009 年版。

② 张宪丽、高奇琦：《等位协商：英国工党与社会的互动模式研究》，载《探索》，2014 年第 1 期，第 82 页。

③ Joui Lovenduski and Pippa Norris, "Labour and the Unions After the Brighton Conference", *Government and Opposition*, Vol.29, No.2, 1994, p.215.

党员管理方面，工党把个人党员归属到选区工党，实现全国党员名单的电子化管理。在议员候选人方面，金诺克关于选区工党一人一票选举候选人的改革方案遭到了工会的拒绝，最终改为选区工党以工会为主体的附属团体拥有40% 的投票份额，其余 60% 的投票份额归个人党员一人一票。在经费来源方面，工党通过提高个人党员党费和拓展社会捐赠途径来降低工党对于工会经费的依赖程度。1983 年金诺克就任时，党中央所有的收入（包括大选基金）有 96% 来自工会，随后的十年中减少到不足三分之二。[①] 金诺克弱化了党内左翼和工会力量的影响力，开启了工党和工会关系的新阶段，以个人党员为切入点进行组织变革的路径日益受到党内认可。

这一时期，工会依然在工党重要机构中占据优势地位。在全国执行委员会的构成方面，工会拥有 12 个名额，工会占优的年会还能选举产生 5 名妇女代表，而选区工党只有 7 个名额，社会主义团体仅有 1 个名额。[②] 在决定工党重要事项的年会上，工会的投票份额占据绝对多数。在自身行动力方面，撒切尔政府通过立法限制工会向工党提供政治基金，而工会能够成立工会联络委员会的新机构来开展活动予以反对。在支持议员候选人及其竞选团队方面，工会的影响力不容忽视。1992 年大选，工会资助了 173 名工党候选人，有 143 人成功当选议员，而 461 名没有获得工党资助的候选人仅有 128 人当选。[③] 此外，金诺克能够获得稳固的领袖地位和推动工党的渐进改革也离不开工会的支持和妥协。

1992 年大选失利加快了工党和工会关系调整的进程。史密斯时期，工党成立了工会关系评估小组（Trade Union Links Review Group），提出了工党和工会关系的改革方案。在工会的反对之下，工党继续拓展一人一票的使用范

① 张迎红：《英国工党组织体系的现代化》，载《当代世界社会主义问题》，2002 年第 3 期，第 18 页。

② Meg Russell，*Building New Labour: The Politics of Party Organisation*，London: Palgrave Macmillan，2005，p.173.

③ Joui Lovenduski and Pippa Norris，"Labour and the Unions After the Brighton Conference"，*Government and Opposition*，Vol.29，No.2，1994，p.203.

围，降低附属团体的投票权重，旨在削弱工会，尤其是大工会领导人的影响力。在 1993 年工党年会的关键投票中，制造业白领工作者、科学工作者和金融工作者工会改投弃权票，一人一票制的决议以 47.5%∶44.4% 的微弱优势获得通过。① 在领袖选举方面，附属团体的投票权重从 40% 降至三分之一，一人一票制取代了集体投票制。在年会表决权方面，附属团体的投票份额从 90% 降至 70%，投票方式也改为一人一票制，代表个人党员的选区工党份额则提升为 30%。

经历了 20 世纪 80 年代至 20 世纪 90 年代初的右翼政府打压、就业环境变化和会员人数下降，工会力量出现了严重衰退，利益诉求的重点从增加工资、提高福利和改善工作条件转变为保障就业、减少工时和培训失业人员。与保守党相比，工党依然是工会亟须依靠的政治力量。工党连续败选和长期在野并不利于工会实现自身的利益诉求，因而工会被动接受了工党对于两者关系的调整，不再采取激烈的方式进行对抗。经过金诺克和史密斯的改革，工党的内部关系和外部环境发生了巨大变化，为布莱尔时期"新工党"的变革奠定了坚实基础。

如果说金诺克和史密斯着力于淡化"工人党"和"工会党"的传统形象，那么布莱尔已经明确提出了"新工党"的全新定位并且致力于建设跨越民族、阶级和政治界限的"多数人的党"。在 1995 年运输总工会会议上，布莱尔说道："曾经有一段时期，一个大工会通过一项政策后，大家想当然地认为工党一定会照搬。要求一经提出，工党就会对此作出反应并讨论该事。那些日子都结束了。时光不会倒流。现在，工会的意见当然应该被听取，雇主们的意见也一样。但无论哪一方都不能左右工党及其政策。我们力图代表整个国家进行治理。"② 在 1995 年职工大会年会上，布莱尔表示："工会知道并且接受从工党政府那里他们得到的是公平而不是偏袒。相对于政府在过去 15 年里对

① Brian Brivati and Richard Heffernan, eds. *The Labour Party: A Centenary History*, London: Palgrave Macmillan, 2000, p.137.

② 托尼·布莱尔著，曹振寰等译：《新英国：我对一个年轻国家的展望》，北京：世界知识出版社，1998 年版，第 160 页。

工会的公开敌视，公平就算是很大的进步了……政府将制定体系。至于如何利用这一体系创造的机会，则要取决于工会自己。”[①] 在 1996 年工党年会上，布莱尔宣布“对待雇主和雇员将一视同仁，不再偏袒一方”，“工党政府会代表英国民众，不再是某些人的政治臂膀。我们不会回到 20 世纪 70 年代。”[②] 在布莱尔看来，工党和工会的特殊关系已经结束，工会要适应工党的战略目标和身份定位，工会对工党拥有建议权而不是支配权。

附属会员费用和政治捐款是工会资助工党的主要途径。为了摆脱对工会的财政依赖，布莱尔时期的工党积极拓展经费筹集的渠道，接受工商界的捐款。工党大力吸收非劳工党员，推动集体党员转为个人党员，党员数量从 1994 年的 30.5 万上升为 1997 年的 40.5 万。[③] 个人党费也从 1989 年的 10 英镑提高到 1993 年的 15 英镑再到 1999 年的 17.5 英镑。工党还设立了党员承诺每年交纳 1000 英镑的“一千俱乐部”（1000 Club）和筹集大额捐款的“高价值捐赠单位”（High Value Donors Unit）。1997 年，工党的收入有 30% 来自工会，而来自个人赞助、企业赞助和党员费用的比例共计 55%，比 1992 年翻了一倍。[④]

布莱尔时期，一人一票制不仅继续运用于工党领袖和议员候选人的选举，而且扩展到党章修改和竞选纲领的表决过程。在党章第四条的修改过程中，61 个接受调查的选区工党总委员会有 59 个主张保留原有条款，总委员会的意见实际就是积极分子的意见。布莱尔决定交付全党公决，超过 80% 的党员同意修改条款。在全党公决征询党员意见后，不少全国代表大会的代表受到

① 托尼·布莱尔著，曹振寰等译：《新英国：我对一个年轻国家的展望》，北京：世界知识出版社，1998 年版，第 163 页。

② Tony Blair，“Leader’s Speech，Blackpool 1996”，http://www.britishpoliticalspeech.org/speech-archive.htm?speech=202.

③ Patrick Seyd，“New Parties/New Politics? A Case Study of the British Labour Party”，*Party Politics*，No.5，1999，p.403.

④ Lord Neill of Bladen，“Standards in Public Life”，https://assets.publishing.service.gov.uk/government/uploads/system/uploads/attachment_data/file/336870/5thInquiry_FullReport.pdf.

公决结果的影响，改变了原来的反对态度，转而支持党章修改。[①]附属团体的年会表决权继续下降，1996 年起从 70% 降至 50%，等同于选区工党的份额。由于附属团体包括规模较小的社会主义团体，因而工会的投票权已经低于 50%。大工会领导人和工会基层组织负责人对于工党人事安排、制度变革和政策制定的影响力进一步弱化。

1997 年大选，工党大获全胜。如何处理执政时期工党和工会的关系、避免 20 世纪 70 年代两者的频繁冲突，是工党亟须解决的问题。同年的工党年会通过了《执政中的伙伴关系》（*Partnership in Power*），启动了工党组织体系和组织制度的全面改革。这次改革体现在三方面（如图 3.1）：

其一，全国执行委员会的构成及其产生方式发生改变，总人数从 29 人增至 32 人，新增 3 名中央政府代表、2 名地方政府代表、3 名下议院议员代表和 1 名欧洲议会党团领袖，取消 5 名年会选举产生的妇女代表。工会代表名额维持 12 个，但失去了绝对多数。[②]

其二，新设联合政策委员会（Joint Policy Committee），负责监督《执政中的伙伴关系》的实施进程和指导全国政策论坛的实际工作。工党领袖担任联合政策委员会主席，委员会成员来自全国执行委员会、议会党团和全国政策论坛。其中，内阁或影子内阁的代表人数与全国执行委员会派出的代表人数相等。

其三，工党政策制定和纲领形成的中心机构从工会主导的全国执行委员会和年会转至常态化、制度化的全国政策论坛（National Policy Forum）。[③]在两年到三年的周期内，全国政策论坛通过滚动政策项目（Rolling Policy Programme）开展政策评估、听取政策建议、组织政策讨论和形成竞选纲领。过往年会期间的公开争论被常态化的内部讨论所取代，避免影响政党形象。全

① 谢峰：《西方政党党内民主研究》，广州：广东人民出版社，2013 年版，第 136 页。

② Meg Russell，*Building New Labour: The Politics of Party Organisation*，London: Palgrave Macmillan，2005，p.179.

③ 1990 年，全国执行委员会向工党年会建议成立全国政策论坛，旨在改善政策制定的效率。1993 年，工党成立了临时性质的全国政策论坛。

国政策论坛起初有 175 人，成员来自全国执行委员会、议会党团、地区工党、选区工党、附属团体、地方政府等组织，分为选举的代表、任命的代表和当然代表，政党领袖和议会党团对于议程设置发挥着重要作用。工会仅有 30 个名额，少于选区工党的 54 人和全国执行委员会的 32 人。[①] 地方政策论坛的相继成立便于个人党员发表政策建议和参加政策讨论，扩大了政策酝酿的参与度，减弱了各级工会的影响力。

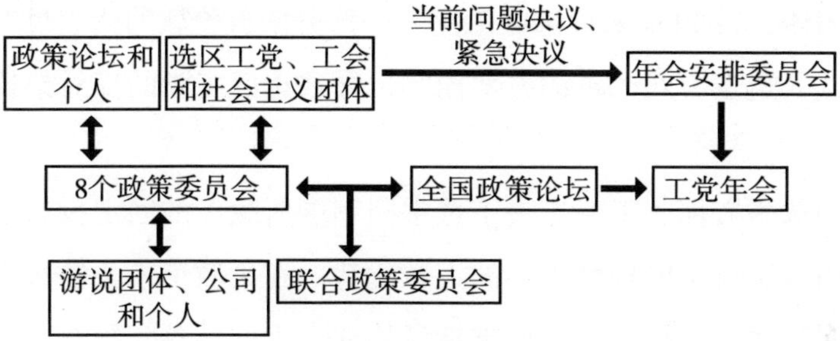

图 3.1　工党政策制定结构（1997 年以后）[②]

“新工党”的变革把组织架构从多元化、科层化转向集中化、扁平化，把附属团体的部分权力回收到工党内部，削弱了工会占优的机构，增强了基层党员的作用，巩固了工党领袖的地位，从而重塑了工党的组织形态，重构了工党的权力格局，重树了工党的政治形象。1997 年至 2010 年，工党连续胜选执政，延续了保守党政府亲近资本和工商界的立场，加剧了工党和工会力量对比的失衡。

在 2010 年工党领袖选举中，工会对“新工党”的不满导致戴维·米利班德意外落败。埃德·米利班德依靠工会的支持而当选工党领袖，却继续推动工党和工会关系的改革进程。在 2013 年职工大会年会上，米利班德指出，改变工党和工会的关系是建立全民国家政党和全民国家的必由之路，要构建

① Patrick Seyd，“New Parties/New Politics?: A Case Study of the British Labour Party”，*Party Politics*，Vol.5，No.3，1999，pp.402–403.

② Thomas Quinn，*Modernising the Labour Party: Organisational Change Since 1983*，London: Palgrave Macmillan，2004，p.87. 值得注意的是，除了分配的 30 个名额，工会在全国执行委员会、地方政策论坛的代表也有机会参加全国政策论坛。

工党和工会会员的新型关系，让工会会员成为工党的组成部分，使工党植根于全国各个地区。[①] 在 2013 年工党年会上，米利班德强调，改革不是终结工党和工会的关系，而是改变这种关系，以便聆听工党内部每一位劳动者的声音，把工党变成群众性政党（Mass-Membership Party）。[②] 在 2014 年工党特别会议上，米利班德的改革方案以 86.29% ∶13.71% 的压倒性优势获得通过，赞成票的份额有 48.42% 来自附属团体、37.87% 来自选区工党，反对票的份额有 1.58% 来自附属团体、12.13% 来自选区工党。一部分来自伦敦的代表反对关于伦敦市市长候选人遴选方式改革的方案内容，导致选区工党的反对票比例高于附属团体。[③]

在领袖选举方面，工会失去了选举团制度所赋予的固定投票份额，注册支持者的引入也有可能稀释工会的人数优势。在伦敦市市长候选人方面，工党党员、附属团体支持者和注册支持者均能一人一票参与投票。在年会投票权方面，附属团体依然占有 50% 的份额，但 5 年之后，各附属工会的年会投票份额将取决于会员成为工党附属支持者的人数。在党员管理方面，附属工会会员原来自动交纳政治基金，并由工会转交工党，但大部分会员不会参加工党的活动，甚至不会投票支持工党。根据改革方案，工会会员在 5 年的转变周期内，要确认是否同意把一部分政治基金交给工党和是否同意成为工党附属支持者（Affiliated Supporters）：如果同意，将会归入选区工党并且享有参加工党会议和选举工党领袖的权利；如果拒绝，工会将能够保留更多的会员经费。“选择性加入机制”（Opt in System）旨在建立工党和附属工会会员的直接联系，去除工会作为会员和工党中介的传统作用，从而吸引工会会员

① “Ed Miliband Speech to Congress 2013”，https://www.tuc.org.uk/research-analysis/reports/ed-miliband-speech-congress-2013.

② “Ed Miliband-2013 Labour Party Conference Speech”，https://www.ukpol.co.uk/ed-miliband-2013-labour-party-conference-speech/.

③ George Eaton，“Labour Backs Miliband's Party Reforms by 86%-But the Really Hard Work Begins Now”，https://www.newstatesman.com/politics/2014/03/labour-backs-milibands-party-reforms-86-really-hard-work-begins-now.

积极参与工党的各项事务。

有评论把米利班德的改革方案与布莱尔时期工党修改党章第四条相提并论。[①] 不过，米利班德的改革没有从根本上触及工会的财政收入和实际影响，甚至领袖选举制度改革存在工会人数众多导致实际投票者超过总票数三分之一的可能性。[②] 大部分工会还是接受了米利班德的改革方案。其深层次的原因在于，工会的会员数、覆盖面和行动力仍在下降。工党附属工会会员人数从 1979 年的 650 万降至 2010 年的 270 万，只有 15% 的私营部门职员和 57% 的公共部门职员加入了工会。[③] 工会受自身力量减弱、社会文化变迁、工党回归在野等多重因素的影响，也要重新适应和调整自身与工党的关系，探寻能够维持和扩大影响的途径。与 20 世纪八九十年代工党组织改革伴随着财政调整的情形不同，米利班德时期，工党对于工会的财政依赖性甚至出现了回升。2011 年，工党党员费用已经升至 41 英镑，但从 2010 年 5 月到 2014 年 12 月，工党的 1.1 亿英镑收入多达 0.48 亿英镑来自工会。[④]

2015 年接任工党领袖的科尔宾与工会颇有渊源，工党和工会的关系调整暂时搁置。科尔宾曾经任职于全国服装工人工会（National Union of Tailors and Garment Workers）、全国公共雇员工会（National Union of Public Employees）、工程与电气工会（Amalgamated Engineering and Electrical Union），是工党附属工会议会团体的成员。他强烈反对 2016 年《工会法》，承诺工党

① John Gaffney，“Ed Miliband: Behind the Party Reform，A Quiet Populism”，https://blogs.lse.ac.uk/politicsandpolicy/ed-miliband-behind-the-party-reform-a-quiet-populism/.

② 在实行选举团制度的时候，以工会为主体的附属团体最多占三分之一的投票份额。在一人一票制之下，工会会员的基数远大于议员、党员、社会主义团体成员和注册支持者。一旦工会的投票人数超过领袖选举总投票人数的三分之一，那么工会的投票份额将会超过原有制度。

③ Labour，“Refounding Labour to Win”，https://debatsocialista.files.wordpress.com/2011/03/refoundinglabour.pdf.

④ Patrick Wintour，“Labour Funding Will be Hit Hard by Changes to Political Levy System”，https://www.theguardian.com/politics/2015/may/27/labour-funding-hit-change-political-levy-bill.

执政后将取消这部严重束缚工会活动的方案。他提出，设立就业权利和工人保障的部门，推行维护工人权利的措施，引入每小时 10 英镑的实际生活工资，禁止无薪实习和零时工合同（Zero-Hours Contracts）。在缺乏议会党团和党内精英认可的背景下，工会成为科尔宾担任工党领袖的依靠力量。科尔宾卸任工党领袖以后，因反犹主义遭到工党开除，以英国联合工会为代表的 7 个附属工会依旧发表联合声明谴责工党的做法。

工党领袖的更迭成为工党和工会关系调整的诱因。2021 年工党年会通过了一系列新规定：领袖选举制度改革取消了注册支持者群体，使附属工会的潜在人数优势变得更加明显；选区工党和工会的年会提案数均从 10 个降至 6 个；全国政策论坛的代表总数从 160 名增至 166 名，工会的名额从 30 名增至 55 名（至少有 27 名妇女），占比从 18.7% 升至 33.1%。[①]

尽管如此，斯塔默时期工党和工会的关系趋向紧张。英国联合工会作为工党的最大附属团体，其总书记莱恩・麦克拉斯基（Len McCluskey）来自强硬左翼，是科尔宾的重要盟友。2020 年，英国联合工会因不满斯塔默的领导而减少交纳 10% 的附属费用。2021 年，麦克拉斯基退休，左翼立场的莎朗・格雷厄姆（Sharon Graham）胜选接任。与积极参与工党事务的麦克拉斯基不同，格雷厄姆表示“当务之急是会员的工作、薪酬和生活条件而不是工党内部的争论”[②]。她拒绝出席 2021 年工党年会，表示英国联合工会将继续支付 100 万英镑的附属费用，但过去直接提供给工党的政治捐款会用于其他政治活动。

加里・史密斯（Gary Smith）竞选英国总工会总书记的时候获得斯塔默盟友的支持，当选后却表示要重新评估英国总工会和工党的关系。他指出，工党不再是英国总工会的首要目标，解决工党内部事务属于斯塔默的问题，

① Labour Party, “Conference Arrangements Committee Report 2 to Conference 2021”, https://labourlist.org/wp-content/uploads/2021/09/CAC-2.pdf.

② Christopher Massey, “After Len McCluskey: Where Next for Labour-Backing Union Unite Under New Leader Sharon Graham?”, https://theconversation.com/after-len-mccluskey-where-next-for-labour-backing-union-unite-under-new-leader-sharon-graham-166794.

并非工会的问题。[①] 通信工人工会（CWU）特别会议决定，除附属费用之外不再为工党提供任何捐款，而是资助特定的工党候选人、潜在候选人和竞选活动。食品行业工会（BFAWU）发表称，斯塔默引发工党内部的派系斗争，未能解决工人薪酬、食品银行、燃油危机等问题，决定解除同工党持续 119 年的附属关系。运输职员联合会领导人公开反对提高领袖选举议会党团部分的提名门槛，批评工党对待科尔宾的做法有失妥当。

当前，工会面临着会员下降、组织松散、行动受限等自身问题，对工党陷入内部斗争、疏远工人选民、忽视工人诉求的做法表示不满，导致工会影响工党能力和意愿的减弱。对于 4 年经历 3 场大选耗费大量资金、议席锐减影响公共财政补助的工党来说，工会的疏离与其说为斯塔默提供了改革的空间，不如说加剧了工党的困境。

除了正式建立关系的附属团体，党内外还有一批游说团体和压力集团，折射出不同时期工党的思想争鸣和权力博弈。例如，参与组建工党的独立工党于 1975 年更名为“独立工党出版团体”（Independent Labour Publications），转变为党内的压力集团；“工党优先”（Labour First）成立于 20 世纪 80 年代，代表党内传统右翼力量；“进步”（Progress）成立于 1996 年，旨在引领“新工党”改革；“劳工代表委员会”（Labour Representation Committee）成立于 2004 年，致力于重新争取“新工党”时期流失的选民。

“蓝色工党”获得米利班德的支持，一度颇有影响。该组织源于 2010 年大选失利后工党讨论未来发展方向的系列会议，其主要创始人莫里斯·格拉斯曼（Maurice Glasman）是伦敦城市大学的政治学教师，崇尚 1945 年之前工党重视社区的传统，主张工党需要关注传统选民的诉求，反对“新工党”过于放纵自由市场的做法，质疑欧盟人员自由流动的政策。“蓝色工党”以工作、家庭和社区为口号，倡导蓝领工人的价值和文化保守主义的理念。2011

---

① Paul Hutcheon, “Trade Union Chief Backs ‘Review’ of Labour Funding as Keir Starmer Faces Crunch By-Election”, https://www.dailyrecord.co.uk/news/politics/trade-union-chief-backs-review-24431328.

年格拉斯曼反对移民的评论引发了广泛的争议，损害了“蓝色工党”的名声。2015 年工党再次败选，“蓝色工党”出版了新著，试图寻求布莱尔和卡梅伦中间实用主义路线的替代方案，把追求更大程度经济平等的进步承诺与强调个人忠诚、家庭、社区、地区的保守倾向相结合。①2019 年工党连续第四次败选，格拉斯曼发表了新作，批评布莱尔的自由市场倾向和科尔宾的国家主义立场，表达自己对于民众的民主、互惠和多元主义实践的推崇。②在“蓝色工党”看来，民主已沦为寡头政治，文化和经济分别被自由主义的左翼和右翼所掌控；要致力于构建民主和自治的社会，社会的基础在于公民参与行使权力和履行责任，在个人自由和集体安全之间保持公平和公正的平衡。③不过，“蓝色工党”的文化保守主义立场与工党日趋社会自由主义的政治理念存在较大差异，影响力已经明显式微。

“开放工党”（Open Labour）源于 2015 年工党领袖选举，属于党内温和左翼的立场，代表务实、开放、包容的民主社会主义，主张改变经济模式、重塑福利国家、打造高投资的绿色经济、为劳动者争取权利、使所有人获得尊严和提高生活品质。“开放工党”以相对松散的论坛形式开展活动，类似于工党历史上的“论坛派”（Tribune），其成员来自工党党员或附属团体成员，通过举行年会的形式来讨论政策方针。“开放工党”还支持候选人参与竞选活动，部分成员成功当选工党议员。

“动力”（Momentum）同样起源于 2015 年工党领袖选举，其重要创始人乔纳森·兰斯曼（Jonathan Lansman）曾是托尼·本竞选工党副领袖的团队成员。在帮助科尔宾成功竞选党魁之后，兰斯曼与亚当·克鲁格（Adam Klug）、艾玛·里斯（Emma Rees）、詹姆斯·施耐德（James Schneider）等科尔宾竞选活动的志愿者一起创立了“动力”，旨在“推动参与式民主、团结、草根力量，帮助工党成为 21 世纪实现变革的执政党”④。

---

① Ian Geary and Adrian Pabst，*Blue Labour: Forging a New Politics*，London: I.B. Tauris，2015.

② Maurice Glasman，*Blue Labour: The Politics of the Common Good*，Cambridge: Polity，2022.

③ “About Blue Labour”，https://www.bluelabour.org/about-us.

④ Adam Klug, et al. “Momentum: A New Kind of Politics”, *Renewal*, Vol.24, No.2, 2016, p.36.

“动力”要求成员必须是工党党员并且按时交纳会费，支持者可以参与“动力”的活动但没有任职和投票的权利。成立初期，“动力”就有6万名支持者和50个地方机构。[①]此后，该组织立足于草根群体和基层活动，积极发展地方分支机构，大力动员民众交费加入，吸引了大批对主流政治和精英政治感到失望的左翼支持者和青年群体。2017年10月，“动力”已有3.1万名正式成员、170个分支机构和15名职员。[②]2019年大选前夕，“动力”拥有4万余名成员和56名竞选职员。[③]

随着人员的增加和规模的扩大，“动力”的机构和制度不断完善。根据2019年修订的章程，全国协调小组作为“动力”的主要管理机构，由20名“动力”成员代表、10名“动力”附属团体代表和4名工党公职人员代表构成。此外，“动力竞选服务”有限责任公司［Momentum Campaign (Services) Ltd］和“杰里米为了工党”有限责任公司（Jeremy for Labour Ltd）是“动力”的关联企业，为“动力”提供数据支持和业务服务。

科尔宾担任领袖后，“动力”从临时性的竞选运动转型为制度化的政治组织。一方面，“动力”与党内外左翼团体、工会开展合作。“动力”与“中左翼草根联盟”（Centre-Left Grassroots Alliance）、“为社会主义竞选”（Campaign for Socialism）、“威尔士草根工党”（Welsh Labour Grassroots）等工党团体建立了密切的联系。通信工人工会、运输职工联合会、食品行业工会、消防员工会与“动力”建立了附属关系并且提供了财政支持。英国联合工会与“动力”是战略合作关系。

---

① Norman Smith，“What Is Momentum，and Why Is It Worrying Labour MPs?”，https://www.bbc.co.uk/news/uk-politics-34609114.

② Jeff Farrell，“Momentum Membership Soars Above 30 000 as Corbyn-Supporting Labour Group’s Influence Grows”，https://www.independent.co.uk/news/uk/home-news/momentum-membership-jeremy-corbyn-labour-party-leader-supporters-a7988656.html.

③ Kate Proctor，“Momentum Scales up for ‘Once-in-a-Generation Chance’”，https://www.theguardian.com/politics/2019/nov/19/momentum-scales-up-for-once-in-a-generation-chance.

另一方面，“动力”积极推动工党改革、介入党内事务、扩大左翼影响。该组织支持左翼候选人竞选工党内部职务，主张扩大普通党员在工党决策和选举中的作用，甚至试图触发工党议员重选规则来更换立场不同的议员。2019年大选前夕，“动力”在短短两周时间内筹集了33万英镑的竞选经费，超过了2017年大选的经费总额。[①]“动力”不属于工党的正式附属团体，而更像是科尔宾阵营的草根政治力量，致力于宣传党内左翼的理念主张，为科尔宾及其领导下的工党争取支持。在党内精英看来，“动力”类似于“党中之党”，是20世纪80年代工党内部极端左翼“战斗派”的翻版。[②]

在支持朗·贝利竞选党魁失败后，“动力”启动了“重建‘动力’”（Re-founding Momentum）的转型。为了迎接2024年大选，“动力”设定的战略目标是在工党建立左翼力量和选举社会主义者，在社区开展竞选活动和支持工人阶级开展斗争，宣传社会主义思想和开展政治教育。[③]通过工会会员网络（Trade Unionists Network）计划，“动力”积极发动成员参与工会活动，拓展工会关系。

类型多样、人数众多的附属团体和非附属团体贯穿于工党的百年历程，折射出不同时期工党的政治生态。这些团体为工党汇聚民智民意、整合进步力量和拓展社会基础提供了支撑，推动了工党的发展壮大，又把工党的机构作为发挥作用的平台，影响着工党的人事变动、制度变革和决策变化。在传统附属团体地位下降的背景下，以“动力”为代表的新型政治组织对于工党的内部生态和外部形象发挥着不容忽视的影响力。

---

① Kate Proctor, “Momentum Scales up for ‘Once-in-a-Generation Chance’”, https://www.theguardian.com/politics/2019/nov/19/momentum-scales-up-for-once-in-a-generation-chance.

② Peter Edwards, “Owen Smith Evokes 1980s Struggle as He Brands Momentum ‘A Party Within a Party’”, https://labourlist.org/2016/09/owen-smith-evokes-1980s-struggle-as-he-brands-momentum-a-party-within-a-party/.

③ Momentum, “Socialist Organising in a New Era”, https://peoplesmomentum.com/wp-content/uploads/2021/03/Socialist-Organising-in-a-New-Era.pdf.

三、工党宣传动员方式发展动向

作为脱胎于工会和社会主义团体的政党，工党重视宣传引导和组织动员工作，长于出版报刊、组织集会、派发传单、敲门拜访等传播手段。人数众多的集体党员和组织严密的工会组织曾是工党联系社会基础和参与政党竞争的有力保障。随着信息传播方式的多样化和便捷化，新技术、新媒介和新形式不断融入政党的宣传动员活动。借助日益发达和普及的大众媒体，候选人能够绕开政党的科层组织而直接面向普通民众聆听意见、宣传主张、展现形象和争取支持，普通民众也可以绕过政党基层组织、积极分子和竞选志愿者的中介作用而直接获取信息。在筹款、拉票等政治活动中，积极分子和普通党员的作用有所下降，竞选经理、民调专家、公关人员、媒体顾问等专业人士的角色日益重要。

宣传工作理念陈旧和效率低下是工党 1983 年惨败的原因之一。金诺克时期，工党成立了竞选和传播部门，拥有地方议员和电视制片人经历的曼德尔森担任部门负责人。1986 年，工党新设了“影子内阁传播机构”（Shadow Communications Agency），推动了工党公共关系的现代化改革。在 1987 年大选中，工党首次制作并播出竞选影片，引导选民将关注点从工党政策转向工党领袖，一度推动金诺克的民调支持率上升了 16%。[①] 不过，工党的政治立场和政策主张依然受到主流报纸的批评，政治形象受到了负面的影响。

布莱尔延续了金诺克注重大众媒体的革新路径，还借鉴了美国民主党在 1992 年大选中的经验。民主党和克林顿的成功之处在于传递连贯和通俗的竞选信息，并通过持续不断的民意调查和电话竞选来监测竞选进程，塑造了“是时候进行改变”“布什的失败”“克林顿既年轻又有活力”“民主党能够构建

① “Labour Party Election Broadcast（21 May 1987）”，http://www.screenonline.org.uk/tv/id/1390778/index.html.

政府和民众的伙伴关系”等政治形象。①

为了迎接1997年英国大选，工党提前两年斥资在议会附近的米尔班克大厦（Millbank Tower）成立了竞选和媒体中心，其职员规模近乎工党总部，便于工党宣传动员的集中领导，淡化了全国执行委员会、工会和议会党团对于竞选活动的影响。该中心的媒体监测小组为工党新闻发言人提供全天候的新闻动态，使工党能有效应对突发性新闻事件。中心的数据系统名为“王者之剑”（Excalibur），涵盖工党、保守党和自由民主党政策主张和新闻报道的动态信息，为工党及时回应竞选舆情、影响新闻议程发挥了重要作用。

工党建立了专业化的竞选团队，曼德尔森重新回归并作为米尔班克竞选中心和工党大选策划小组的负责人，安排各类竞选活动，对外传递竞选信息；阿拉斯泰尔·坎贝尔（Alastair Campbell）曾是全国性报纸的政治编辑，出任布莱尔的新闻发言人和撰稿人，提出了“新工党”的概念；曾创立政治咨询公司的菲利普·古尔德（Philip Gould）担任工党竞选顾问，把民意调查和焦点小组作为工党竞选工作的重点。工党积极利用大众媒体塑造“新工党”和布莱尔的形象，传播工党的政策主张，批评保守党政府的执政问题，减轻非左翼传统支持者的敌意，赢得《太阳报》《每日邮报》等畅销媒体的支持，为成功赢得大选创造了良好的条件。

互联网的革新和普及推动了信息来源多样化、信息获取简单化、信息更新即时化、信息沟通直接化的发展，打破了政治传播的时空限制，突破了政治传播的层级界限，消解了传统媒体的议程设置地位和政党组织的政治动员作用。近年来，蓬勃兴起的社交媒体日益渗透到政治活动，改变了政党活动的传统形式，推动了政治传播的网络化、数字化、智能化发展，产生了越来越大的政治影响。新兴政党及其领导人利用互联网技术和社会媒体平台组织政治活动、实施政治动员、鼓励政治参与、吸纳政治力量，实现了低成本、高效率、广泛覆盖、深度互动的传播效果。如果说布莱尔是运用大众媒体进行宣传动

---

① David Butler and Dennis Kavanagh, *The British General Election of 1997*, London: Palgrave Macmillan, 1997, p.57.

员的经典例子，那么“科尔宾现象”是互联网时代政治传播的生动个案。

2015 年竞选党魁时，科尔宾就掀起了“科尔宾现象”，在政治话语和政治动员方面带有左翼民粹的特点。从领导人特质来看，科尔宾政见独特、个性鲜明、学历普通，形象朴实真诚，富有理想主义，充满个人魅力。他长期不受议会党团重视，其“局外人”身份不同于前几任工党领袖的建制派精英色彩，被社交媒体描绘为电影《星球大战》和《哈利·波特》里对抗邪恶力量的人物。从竞选方式来看，名不见经传的科尔宾通过举办 99 场集会演讲、动员草根群体参与活动、运用互联网尤其是社交媒体展开宣传，知名度和支持率迅速上升。最终，他虽只获得 13 张工党议员选票，但凭借人数众多的草根群体取得了压倒性胜利。

科尔宾担任党魁后，其政治话语和政治动员向工党渗透，“科尔宾现象”影响力不断扩大。科尔宾借助简单化归因的方式，把英国经济社会问题的根源指向体制的失败和精英的腐化，批评保守党政府忽视人民诉求以及对经济社会问题无所作为。他致力于打破议会和政府的封闭圈子，通过扩大民主参与和地方民主来增加人民的话语权，通过集体谈判、董事会工人代表、普惠所有制基金等方式来扩大工作场所的民主，推动公共生活民主化，实现还权于民。科尔宾还强调工党内部的民主革命，修改议员重选制度，鼓励工党新成员和新支持者参与决策，推动政党组织制度的运动化，重塑工党劳工运动的传统，把工党打造成为改变社会的大众运动。

在传统媒体领域，科尔宾遭受敌视的程度超过了金诺克、米利班德等左翼立场的工党领袖，被贴上了“疯狂”“激进”“不爱国”“不切实际”“危险人物”“恐怖分子朋友”等标签。右翼乃至中左翼阵营媒体对科尔宾的负面报道均超过了正面报道。[①] 与保守党相比，工党还受到了英国主流媒体的更多负面报道。（如表 3.14）

---

① Bart Cammaerts，et al.“Journalistic Representations of Jeremy Corbyn in the British Press From Watchdog to Attackdog”，https://www.lse.ac.uk/media-and-communications/assets/documents/research/projects/corbyn/Cobyn-Report.pdf.

表 3.14 2019 年大选竞选期间英国报纸正负面综合评价[①]

时间 政党	第 1 周	第 2 周	第 3 周	第 4 周	第 5 周
保守党	+31.04	+17.55	+16.98	+11.98	+30.17
工党	−71.54	−68.46	−75.59	−81.62	−96.66
自由民主党	−10.59	−0.38	−5.70	−6.80	−23.36

在网络空间领域，科尔宾及其支持者重视互联网时代的“粉丝效应”，利用社交媒体实施政治动员、促进政治参与、组织政治活动、吸纳政治力量，使科尔宾的个人魅力通过社交媒体放大和扩散，推特和脸谱账号的关注人数大幅上升。捍卫科尔宾的“动力”组织发动成员利用网络应用程序“为科尔宾呼唤”（Calling for Corbyn），给潜在支持者拨打竞选电话。2017 年大选，梅避免公开露脸和电视辩论的“高冷”作风，与主动深入基层、积极参加访谈、表现沉稳亲民的科尔宾形成鲜明对比。社交媒体再次发挥重要作用，工党脸谱账号的粉丝数量相比保守党增幅明显更大。

然而，“科尔宾现象”的效果在党员和选民之间出现了明显的断层。在党内，科尔宾凭借草根群体的强力支持而意外当选和成功留任。党内精英持续反对科尔宾，激发了不满“新工党”和现实政治的科尔宾粉丝投身政治活动。支持者自称为“科尔宾主义者”（Corbynist）。2016 年公投后，工党议员发起针对科尔宾的不信任动议，触发了领袖重选。为了捍卫科尔宾的领袖地位，多达 18 万人在 48 小时内交纳了 25 英镑成为拥有投票权的工党注册支持者。大批科尔宾支持者掀起了申请入党的高潮。从 2015 年 5 月到 2016 年 7 月，工党党员由 19 万跃升为 55.4 万，达到 20 世纪 90 年代以来的高峰。新党员的受教育程度和收入水平更低，更加恐惧贫困，也更倾向于支持科尔

① David Deacon，et al. “General Election 2019 Report 5”，https://www.lboro.ac.uk/news-events/general-election/report-5/.

宾。[1]在2015年5月之前加入工党的老党员中，有42.5%因相信领袖而加入；2015年5月至2016年1月期间加入的工党党员高达76.5%选择该选项。[2]

在党外，科尔宾并未成功塑造目标群体的身份认同和政治认同。他所声称的“人民”不是高度同质化的群体，而是来自各地区、各行业的社会群体，其政治诉求具有异质性乃至两极化。2016年“脱欧”公投暴露出英国社会的严重分化。在持续3年多的“脱欧”进程中，“脱欧”久拖不决，“脱欧派”和“留欧派”均没有明显的民意优势。在社会民意撕裂和“脱欧”成为主题的2019年大选中，工党试图把大选议题引到左翼所擅长的社会民生领域，以公正平等议题建构政策话语来追求理想的动员效果。然而，欧洲问题立场模糊不清和摇摆不定导致工党未能整合“留欧派”的民意，也无法获得“脱欧派”的认同。“为了多数人”的纲领没能帮助工党获得多数人的认可。

因此，科尔宾支持者构成了同质的工党左翼真诚的“人民”，反对科尔宾的右翼工党议员则被科尔宾主义者塑造为一个搞阴谋的“精英”集团，形成了民粹主义的框架。[3]反“新工党”、反财政紧缩、反建制精英的政治立场和领袖形象帮助科尔宾赢得了普通党员和积极分子的坚定拥护，巩固了自身的领袖地位，也使其难以摆脱非主流、激进分子、反犹分子、极端主义者等标签，无法获得主流政治和主流媒体的认同。“科尔宾现象”未能成功构建社会层面“人民”和“精英”的“二元对立”，却造成了支持科尔宾的党员和反对科尔宾的议员之间的对立，加剧了普通党员和党内精英之间的“上下”矛盾。当前，工党亟需探索把传统组织架构、基层政治力量与新型社会运动、网络政治动员结合起来的有效方式，从在野期、竞选期到执政期的全过程中依靠组织化的社会基础和制度化的党群关系来争取稳定的支持力量。

---

① Paul Whiteley, et al. “Oh Jeremy Corbyn! Why Did Labour Party Membership Soar After the 2015 General Election?”, *The British Journal of Politics and International Relations*, Vol.21, No.1, 2019, pp.86–89.

② Monica Poletti, “Explaining the Pro–Corbyn Surge in Labour’s Membership”, https://blogs.lse.ac.uk/politicsandpolicy/explaining-the-pro-corbyn-surge-in-labours-membership/.

③ 郑海祥：《从2019年大选看英国政党政治新变化与英国工党的现实困境》，载《当代世界与社会主义》，2020年第3期，第148页。

第四章　英国工党身份定位和社会基础的变迁

政党的生成依赖于特定的社会阶段和社会群体，其发展受制于社会结构和社会思潮的变迁。政党以社会为基础，又能引领社会的发展。欧洲社会民主党是工业时代工人运动和社会主义思潮相互交融的产物。为了扩大影响、赢得选举和争取执政，社会民主党根据社会结构和政党政治的变化不断调整身份定位和扩大社会基础，取得较好的效果，也不同程度遇到了持续转型的负面效应和社会基础的结构性问题。国内外学术界围绕社会民主党社会基础的突出问题和身份定位的调整方向形成不同观点，有认为社会民主党主张社会自由主义会失去工人选票和获胜机会，也有认为社会自由主义立场足以帮助社会民主党赢得选举。[①]

英国工党曾经以“新工党”引领冷战结束后欧洲社会民主党的转型。进入 21 世纪之后，英国工党同样遭遇身份定位摇摆不定和选举表现明显下滑的困境。从政党竞争的视角，分析英国工党身份定位和社会基础的历史演变，把握英国政党政治的新特征新趋势，才能更加深入地认识社会民主党的现实困境，揭示政党和社会关系的基本规律。

---

① Jane Gingrich，“A New Progressive Coalition? The European Left in a Time of Change”，*The Political Quarterly*，Vol.88，No.1，2017；Tarik Abou-Chadi and Markus Wagner，“Electoral Fortunes of Social Democratic Parties: Do Second Dimension Positions Matter?”，*Journal of European Public Policy*，Vol.27，No.2，2020.

一、英国工党身份定位和社会基础的历史演变

（一）1945 年之前工党的兴起

英国是工业革命的发源地。第一次工业革命推动了生产方式和社会结构的巨大变革。机器大生产取代了手工生产，大工厂取代了手工工场，传统的行会组织不断瓦解，资本家和工人的矛盾日益凸显。工业革命初期，工人把工作条件和生活状况的恶化归咎于机器的广泛应用，因而采取了捣毁机器、破坏厂房、殴打厂长等抗争手段。后来，工人逐渐学会了区分“机器”和“机器的资本主义应用”，把斗争矛头从物质生产资料转向物质资料的社会使用形式。他们联合起来开展经济斗争，要求提高工作报酬、缩短工作时间、改善工作条件，个别工人和个别资本家之间的冲突演变为工人阶级和资产阶级两大阶级的矛盾。

在工业革命的进程中，社会不仅分化为工人阶级和资产阶级两大基本阶级，还存在工作特点、社会地位和收入状况处于两者之间的庞大群体。马克思和恩格斯曾经使用中间阶层、中等阶级、中间等级、中间阶级等概念。①其一，该群体是经济社会发展的产物。“除了资产阶级和无产阶级以外，现代大工业还产生了一个站在它们之间的类似中间阶级的东西——小资产阶级。这个小资产阶级是由原先的半中世纪的市民阶级残余和稍稍高出一般水平的工人组成的。”②“以前的中间等级的下层，即小工业家、小商人和小食利者，手工

---

① 中间阶层和中产阶级是对应英文 Middle Class 的常用汉语表述，前者能够反映该群体处于传统的工人阶级和资产阶级之间，后者更加突出该群体经济收入和社会地位的特点。该群体不完全具备传统阶级概念的特点，其工作形式和生活状况同工人阶级存在较大差异，其经济收入和社会地位是动态变化的。本书使用中间阶层的表述形容社会民主党的社会基础，突出该选民群体的多元性和多变性。在引用学术成果时，本书均保留原出处的表述。

② 中共中央马克思恩格斯列宁斯大林著作编译局译：《马克思恩格斯全集》（第十六卷），北京：人民出版社，1964 年版，第 75 页。

业者和农民——所有这些阶级都降落到无产阶级的队伍里来了。”[①] 其二，经济地位和社会地位决定了该群体政治立场的特点。“它的地位是介于较大的资本家（商人和工业家）即名副其实的资产阶级与无产阶级或产业工人阶级之间，这种地位就决定了它的特性。”[②] “他们同资产阶级作斗争，都是为了维护他们这种中间等级的生存，以免于灭亡。所以，他们不是革命的，而是保守的。不仅如此，他们甚至是反动的，因为他们力图使历史的车轮倒转。如果说他们是革命的，那是鉴于他们行将转入无产阶级的队伍，这样，他们就不是维护他们目前的利益，而是维护他们将来的利益，他们就离开自己原来的立场，而站到无产阶级的立场上来。”[③] 其三，该群体处于变动之中。“介于工人为一方和资本家、土地所有者为另一方之间的中间阶级不断增加，中间阶级的大部分在越来越大的范围内直接依靠收入过活，成了作为社会基础的工人身上的沉重负担，同时也增加了上流社会的社会安全和力量。”[④] “资本家在发展工业时不仅造出剩余价值，他们还造出无产者，他们使中等阶层——小资产阶级和小农破产。”[⑤]

在工业化起步较晚、农业比较发达的北欧地区，瑞典社会民主党 1911 年党代会通过的纲领做出了重要的突破，既把工人和资本家的矛盾视为社会最显著的特点，又指出小农户、小商人、手工业者等中间阶层受到资本主义的挤压，强调小农户和农业工人同属于受压迫群体。新纲领把党的目标从“实现工人阶级的社会解放”改为“实现被压迫阶级的社会解放”，依靠力量从“工

① 中共中央马克思恩格斯列宁斯大林著作编译局编：《马克思恩格斯文集》（第二卷），北京：人民出版社，2009 年版，第 39 页。

② 中共中央马克思恩格斯列宁斯大林著作编译局译：《马克思恩格斯全集》（第八卷），北京：人民出版社，1961 年版，第 10 页。

③ 中共中央马克思恩格斯列宁斯大林著作编译局编：《马克思恩格斯文集》（第二卷），北京：人民出版社，2009 年版，第 42 页。

④ 中共中央马克思恩格斯列宁斯大林著作编译局译：《马克思恩格斯全集》（第二十六卷第 2 册），北京：人民出版社，1973 年版，第 653 页。

⑤ 中共中央马克思恩格斯列宁斯大林著作编译局译：《马克思恩格斯全集》（第二十二卷），北京：人民出版社，1965 年版，第 484 页。

人阶级”拓展为“受资本主义剥削的工人阶级和社会上其他的群体”。[①] 瑞典社会民主党以工人阶级和中间阶层相结合的路径来探索社会基础的拓展，率先实现上台连续执政，进而开启“人民之家”建设。与之相比，德国社会民主党转型时间较晚，经过两次世界大战之间的多年动荡和二战后的多次讨论，直至 1959 年党代会通过的《哥德斯堡纲领》才宣布“从一个工人阶级政党变成了一个人民政党”，“欢迎每一个承认民主社会主义基本原则和基本要求的人加入它的行列”。[②]《哥德斯堡纲领》完成了价值目标伦理化、指导思想多元化和经济形式多样化的重大调整，标志着德国社会民主党从面向特定群体的阶级党转型为面向全体民众的人民党。

与欧洲大陆的社会民主党相比，英国工党较早开始探索社会基础的拓展问题。成立初期，工党实行集体党员制度，没有个人党员。工会是工党党员和经费的主要来源。机械工人联合会、纺织工人联合会、矿工工会等大工会同工党陆续建立附属关系，使工党的规模迅速壮大。1907 年，工党的附属工会达到 181 个。[③] 战时物资生产和调配的庞大需求导致工人数量大幅增加、工会地位显著提升。大批民众加入工人队伍和工会组织，英国工会会员从 1914 年的 392 万上升为 1917 年的 529 万；加入工党的工会会员也迅猛增长（如表 4.1）。[④]

工党同自由党结成了选举相互协助的“进步联盟”（Progressive Alliance），加上工会的蓬勃发展和大力支持，使工党的选举表现稳步上升。不过，由于缺乏鲜明的指导思想、成熟的政治纲领和完善的组织体系，工党的独立性和影响力较弱，在与自由党或者工会的关系中均不具备主导地位。英国的工业化程度高于欧洲大陆国家，英国工党的得票率却明显落后于欧洲大陆国家的社会民主党（如表 4.2）。

① 高锋、时红编译：《瑞典社会民主主义模式——述评与文献》，北京：中央编译出版社，2009 年版，第 165—166 页。

② 张世鹏译：《德国社会民主党纲领汇编》，北京：北京大学出版社，2005 年版，第 84—85 页。

③ 威廉 · E. 佩特森等编，林幼琪等译：《西欧社会民主党》，上海：上海译文出版社，1982 年版，第 91 页。

④ 韦伯夫妇著，陈建民译：《英国工会运动史》，北京：商务印书馆，1959 年版，第 441—442 页。

表 4.1 英国工党党员人数①

年份	工会会员	合作社成员	社会主义团体成员	总数
1900—1901	353 070	无	22 861	375 931
1901—1902	455 450	无	13 861	469 311
1902—1903	847 315	无	13 835	861 150
1903—1904	956 025	无	13 775	969 800
1904—1905	855 270	无	14 730	900 000
1905—1906	904 496	无	16 784	921 280
1907	1 049 673	472	22 267	1 072 413
1908	1 127 035	565	27 465	1 1585 65
1909	1 450 648	678	30 982	1 486 308
1910	1 394 403	760	31 377	1 430 539
1911	1 501 783	911	31 404	1 539 092
1912	1 858 178	1073	31 237	1 895 498
1914	1 572 391	1526	33 230	1 612 147
1918	2 960 409	无	52 720	3 013 129

表 4.2 欧洲社会民主党基本数据表②

政党	确立男性普选权年份	工业领域工人比例及年份	1918 年前的得票最高比例及年份
英国工党	1918	44.6%（1911）	7.0%（1910）
德国社会民主党	1871	39.1%（1907）	34.8%（1912）
法国社会党	1848	29.5%（1906）	16.8%（1914）
瑞典社会民主党	1907	24.7%（1910）	36.4%（1914）
意大利社会党	1919	26.8%（1911）	21.3%（1904）

① Henry Pelling and Alastair J. Reid, *A Short History of the Labour Party*, London: Palgrave Macmillan, 1996, p.197.

② 唐纳德·萨松著，姜辉等译:《欧洲社会主义百年史（上）: 二十世纪的西欧左翼》, 北京: 社会科学文献出版社，2013 年版，第 11 页。

第一次世界大战前，工党未能取得明显的选举突破，陷入发展的瓶颈状态。1910 年 1 月和 12 月两次大选，工党先后获得 50.5 万选票、40 席和 37.1 万选票、42 席，选票有所下降，议席大幅落后于保守党和自由党。在 1911 年至 1918 年的历次补选中，工党还失去了 5 个议席。① 工党把工人阶级作为主要的社会基础，工人阶级选民却有不同的投票选择。与欧洲大陆国家不同，英国自由党能够利用政治自由和经济自由的价值观来吸引部分工人阶级选票。保守党也能获得一部分工会会员的支持，尤其兰开夏郡棉花产业和英格兰南部的工人阶级。②

第一次世界大战期间，工党通过参与联合政府、调整组织结构、起草政党规章等形式，对于自身的政治理念和身份定位进行了积极的探索。受战争的影响，工党对于有组织的工人阶级的代表性明显增强，比过去更像是工会的政党。③ 在英国选区划分和投票制度之下，工党的选票集中于以英格兰北部为代表的工业地带和以工会会员为代表的工人群体，难以赢得更多选区和争取更多议席。

韩德森积极推动工党吸收个人党员和加强基层建设，从而扩大工党的社会基础。在 1918 年工党年会上，韩德森指出，工党需要成为一个真正的人民党，而不只是保持一个工会党，关键在于平衡附属工会会员和大批新选民之间的需求。④ 1918 年工党党纲《工党和新社会秩序》把工党的改革目标深化到社会制度，把关注对象扩展到全体民众。麦克唐纳时期，工党的选民目标已经涵盖了中间阶层、未受工党影响的产业工人和农业地区。⑤

---

① Wikipedia，"List of United Kingdom By-Elections (1900–1918)"，https://en.wikipedia.org/wiki/List_of_United_Kingdom_by-elections_(1900–1918).

② Brian Brivati and Richard Heffernan，eds. *The Labour Party: A Centenary History*，London: Palgrave Macmillan，2000，pp.12–13.

③ 同上书，p.36.

④ 同上书，p.38.

⑤ Andrew Thorpe，*A History of the British Labour Party*，London: Palgrave Macmillan，2015，p.60.

由于选举制度的改革使投票者大幅增加，工会组织的发展使新会员持续增多，工党的选举表现稳步提升，逐渐取代严重分裂、迅速衰落的自由党，成为英国两大党之一。不过，工党依然没有能够成功吸引中间阶层的选票，也没能赢得手工业占据主导地位的地区。[①] 直到第二次世界大战结束后，工党首次赢得议会多数议席，实现单独执政。“如果不把没有什么重要性的挪威算在内的话，社会主义政党占据议会绝对多数席位而执政的情况，在欧洲历史上尚属首次。”[②]（如表 4.3）

表 4.3　1918 年至 1945 年英国大选议席结果[③]

政党 年份	保守党		工党		自由党	
	候选人数（人）	议席数（席）	候选人数（人）	议席数（席）	候选人数（人）	议席数（席）
1918	445	382	361	57	421	163
1922	482	344	414	142	485	115
1923	536	258	427	191	457	158
1924	534	412	514	151	339	40
1929	590	260	569	287	513	59
1931	583	522	516	52	117	36
1935	583	429	552	154	161	21
1945	618	210	603	393	306	12

① Andrew Thorpe, *A History of the British Labour Party*, London: Palgrave Macmillan, 2015, p.92.

② 唐纳德·萨松著，姜辉等译：《欧洲社会主义百年史（上）：二十世纪的西欧左翼》，北京：社会科学文献出版社，2013 年版，第 144 页。

③ Sam Pilling and Richard Cracknell, “UK Election Statistics: 1918–2021: A Century of Elections”, https://researchbriefings.files.parliament.uk/documents/CBP-7529/CBP-7529.pdf.

在 1945 年大选中，工党建立了工人阶级和中间阶层的进步主义联盟，不仅巩固了英格兰北部工业地带的优势地位，而且在住宅区和城市郊区的中间阶层和中下层选民中取得明显进步。①（如表 4.4）

表 4.4　1918 年至 1945 年英国大选得票结果 ②

政党 \ 年份	保守党		工党		自由党	
	得票数	得票率	得票数	得票率	得票数	得票率
1918	414 万	38.7%	225 万	20.8%	279 万	25.6%
1922	550 万	38.5%	424 万	29.7%	414 万	28.8%
1923	551 万	38.0%	444 万	30.7%	430 万	29.7%
1924	785 万	46.8%	549 万	33.3%	293 万	17.8%
1929	866 万	38.1%	837 万	37.1%	531 万	23.5%
1931	1316 万	60.7%	665 万	30.9%	148 万	7.0%
1935	1176 万	53.3%	833 万	38.0%	144 万	6.7%
1945	997 万	39.6%	1197 万	48.0%	225 万	9.0%

这一时期，工党能够直接吸收工人阶级以外的个人党员、赢得工人阶级以外的选票，其领导层和议员候选人不乏工人和工会出身之外的成员，其附属机构也有工会之外的社会主义团体，但是没有影响工党的工人党属性。这不仅是因为工党的议员、党员、选票和经费主要源自工人和工会，而且在于工党的政治纲领侧重于反映工人阶级的诉求，政治活动致力于维护工人阶级的利益。

① Gary McCulloch，"Labour，The Left，and the British General Election of 1945"，*Journal of British Studies*，Vol.24，No.4，1985，p.471.

② Sam Pilling and Richard Cracknell，"UK Election Statistics: 1918–2021: A Century of Elections"，https://researchbriefings.files.parliament.uk/documents/CBP-7529/CBP-7529.pdf.

（二）1945 年至 20 世纪末工党的转型

二战结束后，工党多次获得了单独执政的机会，但总体上处于政党竞争的劣势地位。工党仅在 1945 年和 1966 年大选中能够获得明显的议会多数和稳固的执政地位。（如表 4.5）

表 4.5　1950 年至 1974 年英国大选结果[①]

年份 \ 政党	保守党		工党		自由党		总议席
	得票率	议席数	得票率	议席数	得票率	议席数	
1950	43.4%	298 席	46.1%	315 席	9.1%	9 席	625 席
1951	48.0%	321 席	48.8%	295 席	2.6%	6 席	625 席
1955	49.7%	345 席	46.4%	277 席	2.7%	6 席	630 席
1959	49.4%	365 席	43.8%	258 席	5.9%	6 席	630 席
1964	43.4%	304 席	44.1%	317 席	11.2%	9 席	630 席
1966	41.9%	253 席	48.0%	364 席	8.5%	12 席	630 席
1970	46.4%	330 席	43.1%	288 席	7.5%	6 席	630 席
1974 年 2 月	37.9%	297 席	37.2%	301 席	19.3%	14 席	635 席
1974 年 10 月	35.8%	277 席	39.3%	319 席	18.3%	13 席	635 席

从 1951 年到 1996 年，工党仅在威尔逊的带领下赢得四次大选、执政 11 年。在两大党的竞争过程中，社会结构和政治文化变迁对工党的社会基础造成的持续冲击，是工党陷入选举劣势地位的重要原因。第一，工人阶级数量下降。二战结束后，第三次科技革命蓬勃兴起，其规模、深度和影响远远超过前两次工业革命，社会生产力获得极大发展，生产关系发生重大变革，经济产业结构、社会阶层构成和民众生活方式出现巨大变化。欧洲发达国家传统工业占经济总量的比重在达到高峰后开始下降，产业结构从传统工业为主逐渐转

① Sam Pilling and Richard Cracknell, "UK Election Statistics: 1918–2021: A Century of Elections", https://researchbriefings.files.parliament.uk/documents/CBP-7529/CBP-7529.pdf.

向技术密集型产业、服务业为主。在制造业占经济比重达到顶点之后，工人阶级的绝对数量及其占就业人口的相对数量逐渐回落。例如，英国制造业人员从 1981 年的 571.3 万人降至 1991 年的 443.4 万人。[①] 1995 年英国主要行业从业人员数据显示，26.5% 的就业人口从事批发零售贸易、运输、住宿、餐饮服务，23.3% 从事公共行政、国防、教育、健康和社会工作，16.7% 从事工业，11.4% 从事专业科技行业、行政和支持服务行业，7.2% 从事建筑业。[②]

第二，工会组织影响弱化。以传统产业工人为代表的工人阶级具有工作环境相似和居住地区相近的特点，便于工会进行组织化和经常性的宣传动员。随着薪酬标准、生活状况和教育水平的改善，一部分工人及其后代的价值取向、思维模式和生活习惯趋向于中间阶层。第三产业从业者的成长经历、职业特点和人员构成也不同于传统的蓝领工人。随着工业社会向后工业社会转型，社会结构分化重组，社会生活变得多元，社会思潮悄然变迁，后物质主义流行，新社会运动兴起，政治参与的形式和途径日益多样，加上撒切尔政府持续采取措施打压工会，导致传统的工会组织日渐萎缩，兴盛的工人运动难以再现。英国工会会员数和工会密度自 1980 年左右达到峰值之后，呈现不断下滑的态势。（如表 4.6、图 4.1）

表 4.6　英国工会会员人数（单位：万人）[③]

年份	1945	1950	1955	1960	1965	1970
人数	787.5	928.9	974.1	983.5	1032.5	1117.9
年份	1975	1980	1985	1990	1995	2000
人数	1104.4	1321.2	1077.4	1004.4	823.1	789.8

① Chris Rhodes, ed. “UK Manufacturing Statistics and Policy”, https://researchbriefings.files.parliament.uk/documents/SN01942/SN01942.pdf.

② Eurostat, “Employment by A*10 Industry Breakdowns”, https://ec.europa.eu/eurostat/web/products-eurostat-news/-/DDN-20171024-1.

③ Statista, “Number of Trade Union Members in the United Kingdom (UK) from 1892 to 2019”, https://www.statista.com/statistics/287241/uk-trade-union-membership/.

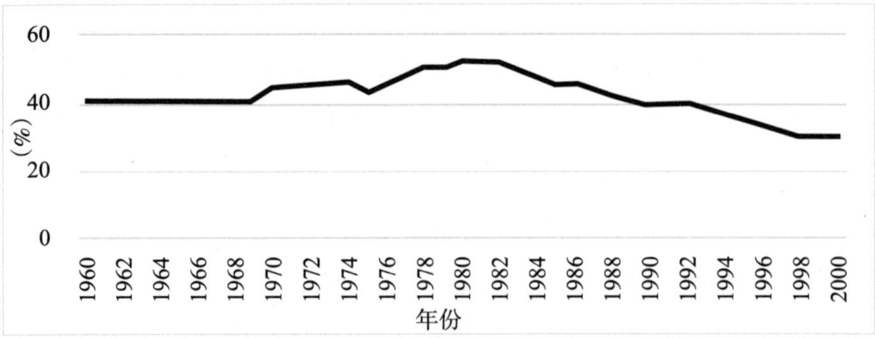

图 4.1　英国工会会员占雇员总人数的比重①

第三，工人阶级同工党的分歧彰显。工党积极维护工人权利、缓和劳资矛盾和改善工人待遇，却容易催生出脱离经济实际、掣肘政府政策的工会诉求。工党作为工人政党、获得工会支持而参加竞选，又要作为全国政党、面向全体国民而开展治理，不可避免地要协调局部利益和整体利益、短期利益和长期利益的关系。如艾德礼所言，"工党不只是工会主义的一种政治表征……工会是这一运动的骨干，但工党却代表着某些超乎劳工组织的东西。它是具有社会主义目标的全国性的政党。"②

在国内经济持续发展的时代背景下，工党借助两大党的"共识政治"并运用凯恩斯主义的政策工具，能够维持充分就业和构建福利制度，使劳动和资本、政府和市场、公平和效率保持相对平衡的关系。工党与工会、工人阶级之间的关系总体保持和谐状态。进入 20 世纪 60 年代，英国开始面临经济效率低、经济增速慢、财政压力大、福利开支高的结构性问题，威尔逊政府限制工会活动和工人罢工的做法遭到了党内外的反对，引发了工党和工会的对立。当时，"号称工会的政治代表的工党要用法律来限制工会，这是闻所未闻的事情。"③1970 年英国提前大选，以工会会员为主体的部分体力劳动者

① OECD，"Trade Union Dataset"，https://stats.oecd.org/Index.aspx?DataSetCode=TUD#.

② 艾德礼著，吴德芬、赵鸣岐译：《工党的展望》，北京：商务印书馆，1961 年版，第 36 页。

③ 冉隆勃：《当代英国——政治、外交、社会、文化面面观》，北京：中国社会科学出版社，1990 年版，第 117 页。

转向其他政党，导致工党的选票减少了 11%，失去了执政地位。[①]（如表 4.7）

从 20 世纪 70 年代中期起，欧洲结束了战后经济持续发展的黄金时期，通货膨胀加剧，公共财政紧张，就业形势恶化，原有的劳资合作、充分就业和福利制度难以为继。工党执政期间回应经济社会形势变化的政策主张和改革措施无法完全吻合工会和工人阶级的利益诉求，甚至触动了工党和工会相互配合的传统关系。1978 年年底至 1979 年年初英国连续大规模罢工的“不满之冬”（Winter of Discontent）成为工党政府倒台的导火索。1979 年大选，大约有 10%—11% 的熟练工人抛弃了工党，16% 的年轻男性工人转向不支持工党。[②] 从 1979 年开始，工党不仅得不到中产阶级的支持，过去忠诚的南方工人阶级的选举基础也日益受到削弱。[③]

第四，中间阶层对工党的支持不足。英国第三产业蓬勃兴起，工作方式更加多元，社会分工越发精细，劳动手段持续改进，生活水平普遍改善，形成了不同于传统工人阶级的中间阶层。中间阶层的内涵和外延不是一成不变的，而是随着社会发展而发生变化。二战后欧洲社会兴起的中间阶层指伴随新科技革命和新社会分工而形成的社会群体，主体是从事非体力劳动的政府雇员、企业管理人员、专业技术人员等群体，不同于小农场主、小商人、手工业者为代表的老中间阶层，因而又称为新中间阶层，以区分于二战之前的中间阶层。中间阶层依靠不同的专业知识和职业技能来谋生，教育水平、收入水平和社会地位相对较高，受后物质主义和后现代主义的影响较大，从思想到行为显示出从物质消费到精神追求、从注重集体到崇尚个性、从解放政治到生活政治的转变。工党原有的政治纲领和政策主张基于工业时代的物质主义，侧重工人阶级的关注议题，难以吸引中间阶层的关注和支持。在工党赢得大选的年份中，中间阶层选民对于工党的支持力度仍然有限。

---

① 张契尼：《当代西欧社会民主党》，北京：东方出版社，1987 年版，第 58 页。

② 唐纳德·萨松著，姜辉等译：《欧洲社会主义百年史（下）：二十世纪的西欧左翼》，北京：社会科学文献出版社，2013 年版，第 749 页。

③ 戴维·科茨著，郗卫东编译：《工党政府：旧的制约与新的参数》，载杨雪冬、薛晓源主编：《“第三条道路”与新的理论》，北京：社会科学文献出版社，2000 年版，第 168 页。

表 4.7　1964 年至 1979 年英国大选投票情况（单位：%）①

投票倾向＼年份	1964	1966	1970	1974 年 2 月	1974 年 10 月	1979
中产阶级投给保守党	56	52	54	48	44	55
中产阶级投给工党	20	22	22	20	21	20
工人阶级投给保守党	24	21	26	21	20	29
工人阶级投给工党	55	57	46	49	47	42

工人阶级和中间阶层的规模此消彼长，工人阶级和工党的关系逐渐疏离，导致工党越来越难应对政党竞争和获得执政机会。工党只依靠工会和工人的支持已经很难赢得大选，何况工党不可能囊括所有工人的选票。日益庞大的中间阶层成为工党亟需争取的社会基础。“仅仅以工人阶级为对象的社会主义纲领，在一个已发生社会分化、工人在其中不占社会多数的社会里是没有成功希望的。……民主社会主义的政党必须是人民党。”②

表 4.8　1979 年至 1997 年英国大选结果③

年份＼政党	保守党		工党		自由党		总议席
	得票率	议席数	得票率	议席数	得票率	议席数	
1979	43.9%	339 席	36.9%	269 席	13.8%	4 席	635 席
1983	42.4%	397 席	27.6%	209 席	25.4%	4 席	650 席
1987	42.3%	376 席	30.8%	229 席	22.6%	6 席	650 席
1992	41.9%	336 席	34.4%	271 席	17.8%	7 席	651 席
1997	30.7%	165 席	43.2%	418 席	16.8%	10 席	659 席

① David Robertson, *Class and The British Electorate*, Oxford: Blackwell, 1984, p.28. 转引自孙洁：《英国的政党政治与福利制度》，北京：商务印书馆，2008 年版，第 210 页。

② 托马斯·迈尔著，殷叙彝译：《社会民主主义导论》，北京：中央编译出版社，1996 年版，第 81 页。

③ Sam Pilling and Richard Cracknell, “UK Election Statistics: 1918–2021: A Century of Elections”, https://researchbriefings.files.parliament.uk/documents/CBP-7529/CBP-7529.pdf.

在冷战结束后社会民主党的转型过程中，英国工党走在了前列。1992 年，工党连续第四次在大选中失利，实力有所恢复但是离议会多数仍有差距。（如表 4.8）1994 年布莱尔担任领袖后，延续并加快了工党现代化的步伐，提出了“新工党”的身份定位和“新英国”的执政蓝图。他明确表示：“现在，工会的意见当然应该被听取，雇主们的意见也一样。但无论哪一方都不能左右工党及其政策。”①

工党进一步疏远工人阶级，减少来自工会的影响，淡化“工人党”和“工会党”的属性，又拉拢工商人士支持，吸纳中间阶层入党，塑造人民党的形象，要“跨越民族，跨越阶级，跨越政治界限”，“重新成为英国政治生活中多数人的党”。②“新工党”成功缔造了跨越阶级界限的选民联盟，取得了丰厚的政治回报。1997 年大选，工党在大部分阶层中的得票率上升到 1974 年以来的最高值，甚至获得多于保守党的白领选票。③“工党的胜利是由于保持了其传统支持基础，同时又增加了对‘中部英格兰’中产阶级的吸引力。”④

2001 年大选的投票率为 59.4%，仅有 29 个选区出现了当选议员变化。工党获得 40.7% 的选票和 412 个议席，仅比 1997 年少了 6 席，执政优势依然明显。保守党获得 31.7% 的选票和 166 个议席，比上次大选只增加了 1 席。自由民主党获得 52 个议席，为 1929 年以来的最高值。⑤

总的来看，布莱尔时期的工党大幅转变身份定位和政治理念，去除阶级政治和意识形态的束缚，改变工人政党和传统左翼的形象，把全球化时代的中间阶层视为重点争取的对象。如果说转型前的工党依然以工人阶级为主、

① 托尼·布莱尔著，曹振寰等译：《新英国：我对一个年轻国家的展望》，北京：世界知识出版社，1998 年版，第 160 页。

② 同上书，第 43—44 页。

③ Anthony Heath, et al. *The Rise of New Labour*, Oxford: Oxford University Press, 2001, p.135.

④ 奈杰尔·福尔曼、道格拉斯·鲍德温著，苏淑民译：《英国政治通论》，北京：中国社会科学出版社，2015 年版，第 74 页。

⑤ Bryn Morgan, “General Election Results 7 June 2001”, https://researchbriefings.files.parliament.uk/documents/RP01-54/RP01-54.pdf.

兼顾中间阶层，那么此次转型之后的工党不仅实现了社会基础从工人阶级到全体民众的拓展，而且完成了核心选民从工业时代工人阶级到全球化时代中间阶层的转变（如图 4.2）。“第三条道路”的“政治思想、政治语义学和选举联盟政策首先要以新中间阶层为目标，他们在第三条道路的方案和交往战略中都起到核心作用”。[①] 从选举表现来看，“新工党”取得了巨大成功，完成了政党现代化的关键转型。

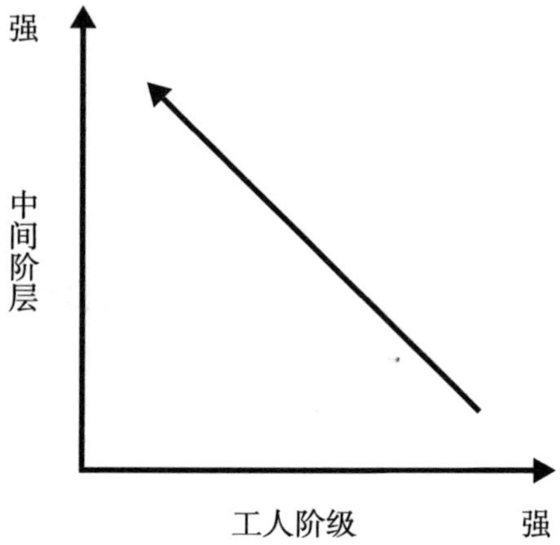

图 4.2　英国工党与工人阶级、中间阶层选民的关系变化 [②]

二、英国工党身份定位和社会基础的现实困境

（一）从“新工党”到“全民国家工党”

世纪之交的短暂辉煌过后，英国工党的选举表现开始下滑。2001 年大选，工党的得票率下降了 2.6%，但工党支持者的投票率减少了 13.2%。[③] 在 2005 年提前举行的大选中，工党得票率和议席数分别降至 35.2% 和 356 个，保守

① 托马斯·迈尔等编，殷叙彝、张世鹏等编译：《民主社会主义的理论概念》，重庆：重庆出版社，2012 年版，第 11 页。

② 作者自制。

③ Patrick Seyd and Paul Whiteley, *New Labour's Grassroots The Transformation of the Labour Party Membership*, London: Palgrave Macmillan, 2002, p.178.

党获得 32.4% 的选票和 198 个议席。由于政党领袖缺乏魅力，政策主张乏善可陈，在伊拉克问题上并未与工党拉开距离，保守党错失了取而代之的有利时机。在 2006 年地方选举中，保守党、工党和自由民主党各赢得 1830 席、1442 席和 907 席，工党减少了 320 席。① 在 2009 年欧洲议会选举中，工党得票率为 15.7%，比 2004 年下降了 6.9%，低于保守党的 27.7% 和英国独立党的 16.5%。②

2010 年大选前，工党的民意支持率一直落后于保守党。2010 年 4 月，英国首次举行大选电视辩论，自由民主党领袖克莱格表现突出，自由民主党支持率明显攀升。2010 年大选首次出现政党领导人和政策主张对于投票意向的影响力相等的现象。③

表 4.9　2010 年英国大选结果 ④

政党	得票率	对比 2005 年大选	议席数	对比 2005 年大选
保守党	36.1%	+3.7%	306 席	+96 席
工党	29.0%	–6.2%	258 席	–90 席
自由民主党	23.0%	+1.0%	57 席	–5 席
苏格兰民族党	1.7%	+0.2%	6 席	0 席

2010 年 5 月举行的大选投票率为 65.1%，主要政党的得票率接近。保守党以 306 个议席成为第一大党，但没能超过议会半数。工党 29.0% 的得票率

① Adam Mellows–Facer，“Local Elections 2006”，https://researchbriefings.files.parliament.uk/documents/RP06–26/RP06–26.pdf.

② Adam Mellows–Facer，et al. “European Parliament Elections 2009”，https://researchbriefings.files.parliament.uk/documents/RP09–53/RP09–53.pdf.

③ Ipsos Mori，“General Election 2010 an Overview”，https://www.ipsos.com/sites/default/files/migrations/en–uk/files/Assets/Docs/News/General_Election_2010–An_Overview.PDF.

④ UK Political Info，“2010 General Election Results Summary”，https://www.ukpolitical.info/2010.htm.

是 1983 年以来的最低值，860.6 万的选票数位列二战结束以来的倒数第二，大部分失去的议席流向了主要竞争对手——保守党。自由民主党获得 23.0% 的选票，得票率增加了 1.0%，却比 2005 年减少了 5 个议席（如表 4.9）。最终，自由民主党与保守党组建了 1974 年以来英国首个联合政府。工党连续执政 13 年后下台，布莱尔、布朗“两布”时代宣告结束。

相比 2005 年大选，工党在不同年龄段选民中的投票倾向均有所下滑，仅在 18 岁至 24 岁的青年选民中维持微弱优势，而保守党在其他年龄段的选民中均位列首位。（如表 4.10）

表 4.10　2010 年英国大选各年龄段选民投票情况（单位：%）[①]

政党 / 年龄	保守党	相比 2005 年	工党	相比 2005 年	自由民主党	相比 2005 年
18—24 岁	30	+2	31	–7	30	+4
25—34 岁	35	+10	30	–8	29	+2
35—44 岁	34	+7	31	–10	26	+3
45—54 岁	34	+3	28	–7	26	+1
55—64 岁	38	–1	28	–3	23	+1
65 岁以上	44	+3	31	–4	16	–2

从不同地区选民的投票倾向来看，工党获得 36% 的英格兰议席、65% 的威尔士议席和 69% 的苏格兰议席，失去了 87 个英格兰地区的席位。保守党有 97% 的议席来自英格兰地区，占据明显优势。（如表 4.11）

① Ipsos Mori，“How Britain Voted in 2010”，https://www.ipsos.com/ipsos-mori/en-uk/how-britain-voted-2010.

表 4.11　2010 年英国大选各地区议席结果（单位：席）[①]

地区＼政党		保守党		工党		自由民主党	
		议席数	变化	议席数	变化	议席数	变化
英格兰	东部	52	+10	2	-11	4	+1
	东北部	2	+1	25	-2	2	+1
	东南部	74	+13	4	-13	4	-2
	西北部	22	+12	47	-13	6	+1
	西南部	36	+11	4	-8	15	-3
	中英格兰东部	31	+12	15	-11	0	-1
	中英格兰西部	33	+15	24	-14	2	0
	约克郡和亨伯河流域	19	+10	32	-9	3	-1
	伦敦	28	+7	38	-6	7	0
苏格兰		1	0	41	+1	11	0
威尔士		8	+5	26	-4	3	-1

从不同阶层选民的投票倾向来看，“新工党”试图构建工人阶级和中间阶层的选举联盟更像是一个“想象的共同体”，无法同历史上工党和工人阶级基于阶级政治的紧密关系相比。“在 1997 年，工党曾通过宣称该党将使经济效率和社会正义统一起来进而成功地组建起了由充满憧憬的中产阶级选民和该党的传统支持者组成的强大联盟，但是到了 2010 年这种联盟实质性地破裂了。”[②] 在中间阶层和熟练工人阶级群体中，工党的支持率均低于保守党。

① Chris Rhodes，“UK General Election 2010”，https://researchbriefings.files.parliament.uk/documents/RP10-36/RP10-36.pdf.

② 弗里德里希·艾伯特基金会编，夏庆宇译：《社会民主主义的未来》，重庆：重庆出版社，2014 年版，第 88 页。

半熟练和非熟练体力劳动者、社会底层选民对工党的支持度高于保守党，但是该群体投票率最低。（如表 4.12）

表 4.12　2010 年英国大选各阶层投票情况（单位：%）[①]

社会群体＼政党	保守党	工党	自由民主党	投票率
中产阶级上层、中产阶级（AB）	39	26	29	76
中产阶级下层（C1）	39	28	24	66
熟练工人阶级（C2）	37	29	22	58
工人阶级、处于最低生活水平群体（DE）	31	40	17	57

21 世纪初英国三场大选结果表明，工党身份定位和社会基础的结构性问题日益突出。

第一，工人阶级的人数规模及其对于工党的选举支持下降明显。布莱尔、布朗时期工党政府延续前任保守党政府的“去工业化”政策，大力发展金融、贸易、房地产等行业。传统产业转移、生产技术变革和组织方式优化导致产业工人工作岗位减少，工人阶级和工会组织的规模和影响持续下降。英国制造业从业者从 2002 年的 358.3 万人降至 2010 年的 256.3 万人。[②] 工会会员人

① Ipsos Mori，“How Britain Voted in 2010”，https://www.ipsos.com/ipsos-mori/en-uk/how-britain-voted-2010. 按照全国读者调查的人口统计类别，社会阶层分为 A、B、C1、C2、D、E。A 的社会地位为中产阶级上层，职业为高级管理人员、行政人员和专业人员；B 为中产阶级，职业为中级高级管理人员、行政人员和专业人员；C1 为中产阶级下层，职业为主管、文员、初级管理人员、行政人员或专业人员；C2 为熟练工人阶级，职业为熟练体力劳动者；D 为工人阶级，职业为半熟练和非熟练体力劳动者；E 为处于最低生活水平群体，包括养老金领取者、无收入来源的寡妇、临时工、最低等级的工人。“What does ABC1 mean?”，https://www.abc1demographic.co.uk/.

② Chris Rhodes，ed. “UK Manufacturing Statistics and Policy”，https://researchbriefings.files.parliament.uk/documents/SN01942/SN01942.pdf.

数也从 2000 年的 789.8 万人减为 2010 年的 732.9 万人。[①]

奉行实用主义的“新工党”增强了灵活性却牺牲了原则性，着眼于短期选举而淡化了长远目标，导致意识形态混乱和身份认同危机，动摇了阶级基础。经过转型之后，工党从工人阶级和中间阶层兼顾转向侧重全球化时代的中间阶层，其政策取向优先注重资本、市场和效率。工党执政期间，积极推动劳动力市场和社会福利改革，引发了工人阶级的不满，加剧了工人选票的流失。“熟练工人”群体投票支持工党的比例下滑明显，工党已经落后于保守党（如表 4.13）。工党在“半熟练 / 非熟练工人”群体中依旧领先保守党，但优势大幅度减小（如表 4.14）。

表 4.13　1992 年至 2010 年英国大选“熟练工人”投票倾向（单位：%）[②]

年份 / 政党	1992	1997	2001	2005	2010
保守党	39	27	29	33	37
工党	40	50	49	40	29
自由党	17	16	15	19	22

表 4.14　1992 年至 2010 年英国大选“半熟练 / 非熟练工人”投票倾向（单位：%）[③]

年份 / 政党	1992	1997	2001	2005	2010
保守党	31	21	24	25	31
工党	49	59	55	48	40
自由党	16	13	13	18	17

① Statista，“Number of Trade Union Members in the United Kingdom (UK) from 1892 to 2019”，https://www.statista.com/statistics/287241/uk-trade-union-membership/.

② Ipsos Mori，“How Britain Voted Since October 1974”，https://www.ipsos.com/ipsos-mori/en-uk/how-britain-voted-october-1974.

③ 同上。

第二，中间阶层的内部构成及其对于工党的选举支持并不稳定。全球化时代的中间阶层异质性更大、流动性更强，成长背景、工作类型和生活方式更加丰富多样，价值取向、利益诉求和政治认同更加复杂多变，缺乏统一的身份标识、鲜明的阶级意识、牢固的政治认同和常态的集体行动，难以像传统产业工人那样给工党提供持续、稳定的选举支持。在争取新支持者和维持传统支持者的平衡中，工党从中间阶层获得的选票并不足以弥补工人阶级萎缩和工人票数流失的损失。保守党的中间阶层选票优势有所减小，但依旧明显领先于工党（如表 4.15）。

表 4.15　1992 年至 2010 年英国大选中产阶级投票倾向（单位：%）[①]

政党＼年份	1992	1997	2001	2005	2010
保守党	54	39	38	37	39
工党	22	34	34	30	27
自由党	21	20	22	26	26

第三，工党模棱两可的做法难以持续占据复杂多变的中间地带。"新工党"具有做"全民党"的政治意愿，却缺乏一个意识形态上坚实的"全民共识"的基础。[②] 2011 年有调查显示，工薪、中产和上层的社会结构以及职业、财富和教育的划分方式已经过时，应该按经济资本、社会资本和文化资本的维度分为七大阶层（如表 4.16）。符合传统意义中产和工人标准的受访者仅占 39%，两极分化依然存在，中层碎片化比较突出。选民的政治立场不再是非右即左。同一阶层成员的价值观念、利益诉求和政治倾向可能存在明显区别。适应频繁变动的选民群体成为工党的新挑战。

① Ipsos Mori，"How Britain Voted Since October 1974"，https://www.ipsos.com/ipsos-mori/en-uk/how-britain-voted-october-1974.

② 史志钦：《欧洲社会民主党的转型与困境》，载《理论参考》，2014 年第 11 期，第 74 页。

表 4.16　英国社会阶层构成情况（单位：%）①

类　别	比　例
精英（Elite）	6
原有中产阶级（Established Middle Class）	25
技术中产阶级（Technical Middle Class）	6
新型熟练劳动者（New Affluent Workers）	15
传统工人阶级（Traditional Working Class）	14
新兴服务业劳动者（Emergent Service Workers）	19
不稳定的无产者（Precariat，or Precarious Proletariat）	15

2010 年米利班德接任领袖后，指出“新工党”失去了适应世界变化的能力，强调自己作为工党“新一代”（New Generation）将会重新赢回人民的信任。针对英国社会日益分化的问题，米利班德借鉴保守党历史人物迪斯累利和工党历史人物艾德礼的理念，提出了“全民国家”（One Nation）的口号。他指出，“全民国家”意味着每个人彼此利害攸关，大家拥有共同的命运、共同的努力和共同的生活。工党不会回到“老工党”时期，而是代表私营部门和公共部门，代表南部和北部，代表受挤压的中产者和穷人的政党。② 他认为，“新工党”在应对既得利益集团和推动经济结构改革方面做得不够，其对于权利和责任的讨论是正确的，但是执行时过于胆怯，尤其对于社会上层让步过多。“全民国家工党”（One Nation Labour）要基于共同重建英国、分享共同生活

---

① Mike Savage，et al. “A New Model of Social Class? Findings From the BBC’s Great British Class Survey Experiment”，*Sociology*，Vol.47，No.2，2013，p.12.

② Politics，“Ed Miliband Conference Speech in Full”，https://www.politics.co.uk/comment-analysis/2012/10/02/ed-miliband-conference-speech-in-full/.

的愿景，而不是因为阶级、种族、性别、收入和财富而分裂的国家。[①]

米利班德关于“全民国家工党”包括私营部门和公共部门、英国南部和北部、“受挤压的中产者”和穷人代表的提法，与“新工党”的中间路线和主流政党的趋同理念没有根本区别。进入21世纪第二个十年，以理性、保守和渐进为政治文化特点的英国接连举行全民公投，社会撕裂和政治极化更加突出。在社会碎片化和利益多元化的背景下，“全民国家”沦为空洞的口号和虚幻的愿景。

2011年5月，英国就选举制度改革进行全民公投，决定是否采用选择投票制取代简单多数投票制。简单多数投票制也称相对多数代表制，指每个选区得票最多的候选人即使得票没有超过半数也能顺利当选。该制度在英国沿用了上百年，无法客观反映选民意愿和政党实力，不利于小党候选人和独立候选人。保守党和工党往往获得三分之一以上的选票就能实现单独执政，而自由民主党的得票率和议席数存在长期不成比例的现象。按照选择投票制的规定，选民根据自己的偏好对候选人进行排序，得票率超过50%的候选人当选，若第一轮没有候选人取得半数以上选票，则得票最少者的选票将按照第二个选项来重新分配，以此类推直至有候选人得票超过半数。

这次全民公投是2010年大选后自由民主党与保守党组建联合政府时双方的协议内容，也是自由民主党同意联合组阁的主要条件之一。但是，保守党作为现有制度的获益者，对选举制度改革持有消极态度，认为新制度不利于政府的稳定，首相卡梅伦也主张维持现有选举制度。对于工党而言，选举制度改革是2010年竞选纲领的内容，米利班德也表态支持选举制度改革，但工党有200余名议员反对改革。在两大党的消极对待下，公投的投票率仅有42.0%，32.1%的投票者选择赞成，67.9%的投票者表示反对。各地区的反对者比例均高于赞成者，选举制度改革未能成功（如表4.17）。

① Fabian Society, “Ed Miliband’s Speech to The Fabian Society New Year Conference 2013”, https://fabians.org.uk/ed-milibands-speech-to-the-fabian-society-new-year-conference-2013/.

表 4.17 2011 年英国选举制度公投结果（单位：%）[1]

	赞成	反对	投票率
英格兰	30.9	69.1	40.7
威尔士	34.6	65.4	41.5
苏格兰	36.4	63.6	50.4
北爱尔兰	43.7	56.3	55.2

卡梅伦执政时期的第二场公投起因于苏格兰问题。2014 年苏格兰独立公投的根源由来已久。1707 年苏格兰与英格兰合并为联合王国，苏格兰国会解散，但苏格兰地区的民族主义没有消散。20 世纪 70 年代石油危机的爆发和北海油田的开采推动了苏格兰民族主义的新一轮高涨。成立于 1934 年、主张苏格兰独立的苏格兰民族党大选得票率从战后初期的不足 1% 发展到 20 世纪 90 年代的 20% 以上，逐渐摆脱了边缘化的地位，打破了工党和保守党对于苏格兰政坛的垄断（如表 4.18）。

苏格兰地区是工党的传统票仓，经济社会议题偏向中左翼立场的苏格兰民族党对于工党构成了潜在的威胁。为争取苏格兰民众的支持，巩固苏格兰地区的优势，弥补英格兰地区议席数落后于保守党的劣势，工党积极回应苏格兰自治的诉求。布莱尔执政时期，英国实行权力下放政策，苏格兰和威尔士分别设置议会和行政机构，行使英国议会授予的权力。苏格兰民族党获得政治活动的舞台，苏格兰地区的民族主义再度兴起。在 1999 年以来的苏格兰议会选举中，苏格兰民族党不断侵蚀工党的优势。2011 年，苏格兰民族党占据了苏格兰议会 129 个议席的过半数，组成了苏格兰地区首个单独执政的多数党政府，进一步刺激了苏格兰民族主义的发展（如表 4.19）。

---

① Feargal McGuinness，“Alternative Vote Referendum 2011”，https://researchbriefings.files.parliament.uk/documents/RP11–44/RP11–44.pdf.

表 4.18　1966 年至 1997 年英国大选苏格兰地区结果[①]

年份＼政党	工党		保守党		自由民主党		苏格兰民族党	
	得票率	议席数	得票率	议席数	得票率	议席数	得票率	议席数
1966	49.9%	46 席	37.6%	20 席	6.8%	5 席	5.0%	0 席
1970	44.5%	44 席	38.0%	23 席	5.5%	3 席	11.4%	1 席
1974.2	36.6%	40 席	32.9%	21 席	7.9%	3 席	21.9%	7 席
1974.10	36.3%	41 席	24.7%	16 席	8.3%	3 席	30.4%	11 席
1979	41.5%	44 席	31.4%	22 席	9.0%	3 席	17.3%	2 席
1983	35.1%	41 席	28.4%	21 席	24.5%	8 席	11.8%	2 席
1987	42.4%	50 席	24.0%	10 席	19.2%	9 席	14.0%	3 席
1992	39.0%	49 席	25.6%	11 席	13.1%	9 席	21.5%	3 席
1997	45.6%	56 席	17.5%	0 席	13.0%	10 席	22.1%	6 席

表 4.19　1999 年至 2011 年苏格兰议会选举结果[②]

年份＼政党	工党		保守党		自由民主党		苏格兰民族党	
	得票率	议席数	得票率	议席数	得票率	议席数	得票率	议席数
1999	43.4%	56 席	14.0%	18 席	13.2%	17 席	27.1%	35 席
2003	38.8%	50 席	14.0%	18 席	13.2%	17 席	20.9%	27 席
2007	35.7%	46 席	13.2%	17 席	12.4%	16 席	36.4%	47 席
2011	28.7%	37 席	11.6%	15 席	3.9%	5 席	53.5%	69 席

① Sam Pilling and Richard Cracknell, “UK Election Statistics: 1918–2021: A Century of Elections”, https://researchbriefings.files.parliament.uk/documents/CBP-7529/CBP-7529.pdf.

② 同上。

在英国政府和苏格兰地方政府围绕独立公投进行谈判的过程中，下议院通过了向苏格兰进一步下放权力的法案，却未能满足苏格兰民族主义者的要求。卡梅伦政府最终同意苏格兰举行独立公投，试图借助当时苏格兰地区反对独立占据优势的民意来彻底遏制苏格兰独立运动。苏格兰地方政府获得中央政府授权之后，选择 2014 年即苏格兰战胜英格兰的班诺克本战役 700 周年作为公投年份，以便利用特殊的历史年份和充分的准备时间来争取民众支持。

苏格兰民族党领导的独立派以“是的，苏格兰”（Yes Scotland）为主题，保守党、工党、自由民主党的跨党派联盟以“联合起来更好”（Better Together）为主题，双方围绕北海油田的资源分配、苏格兰民众的社会福利、苏格兰未来的经贸关系等问题展开辩论和宣传。在经济形势不佳的背景下，苏格兰民众也认识到独立之后经济社会的不确定性。与 1997 年苏格兰权力下放法案公投前的民调相比，2011 年认为苏格兰应该独立的民众从 14% 上升至 26%。不过，认为独立之后医疗服务质量和经济状况会变得更好的受访者分别从 1997 年的 65% 和 64% 下降至 2011 年的 37% 和 34%。[①]

从 2012 年到 2014 年，维持统一的民意支持率大幅领先，截至 2014 年 7 月仍有 20% 左右的优势。[②] 然而，公投前夕独立派的支持率迅速攀升，一度超过统一派。对此，保守党、工党和自由民主党签署联合协议予以回应，向苏格兰民众承诺进一步下放权力，旨在争取更多民众尤其是立场摇摆的投票者支持统一。卡梅伦、米利班德和克莱格均展开呼吁维持统一、反对苏格兰独立的游说活动。2014 年 9 月的公投结果显示，有 44.65% 的投票者赞成苏格兰成为独立国家，55.25% 的投票者反对，0.1% 为无效票，投票率高达 84.6%。除了格拉斯哥、邓迪、北拉纳克郡和西邓巴特郡，苏格兰大部分地

① Alison Park，et al. “British Social Attitudes 29 Report”，https://www.bsa.natcen.ac.uk/media/38852/bsa29_full_report.pdf.

② BBC，“Scotland Decides”，https://www.bbc.co.uk/news/events/scotland-decides/poll-tracker.

区反对独立的选票占据多数。① 尽管苏格兰依旧留在联合王国，但是独立公投没有化解苏格兰地区和整个英国之间的分歧，伺机再次举行独立公投成为苏格兰民族党的新目标。

米利班德时期工党的民调支持率有所回升，从2011年起对保守党有大约10%的领先优势。由于加入联合政府之后不断向保守党妥协、未能兑现自身竞选纲领的承诺，自由民主党支持率的下降趋势比较明显。② 随着经济出现明显复苏，保守党的支持率有所回升，和工党的支持率日益接近。根据各主要机构的选前民调数据，保守党和工党的支持率呈现胶着状态，加上英国独立党、苏格兰民族党的崛起，评论预计很可能时隔五年再度出现“悬浮议会”的情形。

2015年大选的投票率为66.2%，创1997年以来的新高，结果却出人意料。保守党、工党和自由民主党以外的政党合计得票率为24.9%，开创二战后历史新高，但选票的分散化并没有完全转化为政党格局的碎片化。在下议院650个席位中，执政的保守党获得36.8%的选票和331个议席，蝉联议会第一大党，比2010年大选的306席再进一步，超过多数从而实现单独执政。该党96.3%的议席来自英格兰地区，从工党手中获得了8个新选区，但在威尔士和苏格兰的得票率均跌至1945年以来的最低值。

工党的得票率上升了1.4%，议席数却减少了26席，仅获232席，影子内阁财政大臣、外交大臣、苏格兰大臣、苏格兰工党领导人等党内政要均失去了议席。在选区变化方面，工党从保守党和自由民主党手中分别赢得12个和10个新选区，但有8个和40个原有选区输给了保守党和苏格兰民族党。在长期处于优势地位的苏格兰地区，工党仅剩1个议席，为1918年以来的最低值。

自由民主党因参加联合政府期间经济社会政策让步过多而引发选民不满，主要领导人纷纷败选，仅剩8个议席，失去的49席有27席流向保守党、12席流向工党、10席流向苏格兰民族（如表4.20）。该党自1997年以来的上升势头告一段落，议会第三大党的地位还被苏格兰民族党所取代。

---

① Electoral Management Board，“Scottish Referendum Result”，http://scotlandreferendum.info.

② “UK Polling Report”，http://ukpollingreport.co.uk/voting-intention-2.

表 4.20　2015 年英国大选结果[①]

政党	得票率	对比 2010 年大选	议席数	对比 2010 年大选
保守党	36.8%	+0.8%	330 席	+24 席
工党	30.4%	+1.5%	232 席	–26 席
自由民主党	7.9%	–15.2%	8 席	–49 席
苏格兰民族党	4.7%	+3.1%	56 席	+50 席
英国独立党	12.6%	+9.5%	1 席	+1 席

在自由民主党得票率大幅下滑的情况下，工党在中产阶级下层和工人阶级选民中的得票率只有 1% 到 3% 的小幅提升（如表 4.21）。在家庭年收入 2 万英镑以下的选民中，工党、保守党和英国独立党分别获得 36%、29% 和 17% 的支持率；在家庭年收入 7 万英镑以上的选民中，工党、保守党和英国独立党各有 23%、51% 和 7% 的支持率。[②]

表 4.21　2015 年英国大选各阶层投票情况（单位：%）[③]

社会群体 \ 政党	保守党	工党	自由民主党	英国独立党	投票率
中产阶级上层、中产阶级（AB）	45	26	12	8	75
中产阶级下层（C1）	41	29	8	11	69
熟练工人阶级（C2）	32	32	6	19	62
工人阶级、处于最低生活水平群体（DE）	27	41	5	17	57

① Oliver Hawkins，et al. "General Election 2015"，https://researchbriefings.files.parliament.uk/documents/CBP–7186/CBP–7186.pdf.

② Peter Kellner，"General Election 2015: How Britain Really Voted"，https://yougov.co.uk/topics/politics/articles–reports/2015/06/08/general–election–2015–how–britain–really–voted.

③ Oliver Hawkins，et al. "General Election 2015"，https://researchbriefings.files.parliament.uk/documents/CBP–7186/CBP–7186.pdf.

大选结果表明，经济危机和社会危机并未促使选民直接转向支持左翼政党。日益多元化、差异化的选民也不一定把传统主流政党作为自身利益的唯一代言人。一部分民众出于选举惩罚等原因，从支持主流政党到转投民粹主义和民族主义政党。例如，中老年白人蓝领工人成为英国独立党选票的重要来源。保守党、工党、苏格兰民族党和北爱尔兰民主统一党分别是英格兰、威尔士、苏格兰和北爱尔兰地区下议院议席数最多的政党。保守党在英格兰南部占据绝对优势，而工党在英格兰北部优势明显。在英国地区和阶层持续分化的情况下，米利班德时期工党不仅未能取得中间阶层和工人阶级选票的明显进展，而且在社会中下层和苏格兰地区的选举优势受到新的冲击。

（二）"脱欧"公投背景下的社会分化和政治博弈

选举制度改革和苏格兰独立属于某一议题或者地区的全民公投，而"脱欧"公投的牵涉面更广泛，影响更深远。"脱欧"背景下，英国社会分化和政治博弈变得更加突出。社情民意和政党政治的深刻变化放大了工党身份定位和社会基础的问题，为处于探索转型中的工党带来了新的挑战。

受历史传统和现实利益的交织影响，英国社会和政坛素有欧洲怀疑主义的传统，1975 年曾经举行退出欧洲共同体的全民公投。国际金融危机爆发以来，英国经济复苏乏力、社会民生困境、移民难民问题等因素叠加影响，强化了"疑欧派"的不满。2013 年，"留欧派"首相卡梅伦出于回应党内外"脱欧"呼声不断增强的考虑，基于公投不可能出现"脱欧"结果的判断，承诺一旦 2015 年大选获得连任就会举行"脱欧"公投，旨在平息党内"疑欧派"压力、争取大选民众支持和迫使欧盟让渡权益。卡梅伦政府放弃"议会至上"的政治原则，以全民公投为政治施压手段来换取个人和政党的政治利益，以全民政治取代议会政治为政府行为寻求合法性支持，以二选一票决的直接民主取代更成熟可控的议会民主来决定专业性强、涉及面广的重大议题，加上政府应对准备不足、政客媒体片面煽动、公共协商不够充分、部分民众发泄不满，最终出现了英国民众投票决定退出欧盟的"黑天鹅事件"。

与 1975 年、2011 年两次全民公投维持现状的表决结果相比，2016 年"脱欧"公投所造成变革的广泛性、深刻性、复杂性和长期性远超政客的预期，成为二战结束以来英国最重大的事件之一。围绕是否推翻公投结果、如何谈判“脱欧”协议、何时完成“脱欧”进程等议题，英国政府、议会、政党、政客、利益集团等不同政治力量展开了错综复杂的博弈，发生了两任首相辞职、两次提前大选、内阁成员集体辞职、对两大党领袖发起不信任投票动议、议员退党另组议会党团、“脱欧”协议多次遭到否决、“脱欧”时间三次延期等事件。

第一，“脱欧”公投折射出英国的社会撕裂。公投前，各政党分为“脱欧派”和“留欧派”两大阵营，英国独立党是前者的代表，工党、自由民主党则主张选民支持“留欧”。传统“疑欧”的保守党和“亲欧”的工党内部也存在观点对立的派别。例如，保守党政府总体持“留欧”立场，但保守党允许成员自由选择立场，时任伦敦市市长约翰逊、就业与养老金大臣伊恩·史密斯（Iain Smith）、北爱尔兰大臣特蕾莎·维利尔兹（Theresa Villiers）、司法大臣迈克尔·戈夫（Michael Gove）公开支持“脱欧”。以卡梅伦为代表的“留欧派”和以约翰逊为代表的“脱欧派”公开对立、双方势均力敌，存在深刻的政治理念分歧和政治利益博弈。部分来自传统工业地带选区的工党议员在政党立场和选区民意之间难以抉择。英国社会的“脱欧”支持率和“留欧”支持率非常接近，呈现交替领先的优势，而表示不知道如何选择的受访者介乎 10% 至 20% 之间。[①]

2016 年 6 月“脱欧”公投的投票率为 72.2%，51.89% 的投票者选择“脱欧”，48.11% 的投票者表示“留欧”，差距非常微弱。“脱欧”投票者比“留欧”投票者多 126.9 万，但仍有 1290 万选民没有参加投票。公投结果暴露出英国社会的严重分化，折射出不同地区、不同阶层、不同职业、不同年龄、不同种族、不同派别的群体差异。在地区方面，英格兰和威尔士分别有 53.4% 和 52.5% 的投票者选择“脱欧”，46.6% 和 47.5% 的投票者选择“留欧”，而苏格兰和北爱尔兰支持“留欧”的投票者占据多数。伦敦是英格兰唯一的“留欧”

① What UK Thinks EU，“Should the United Kingdom Remain a Member of the European Union or Leave the European Union?”，https://whatukthinks.org/eu/questions/should-the-united-kingdom-remain-a-member-of-the-eu-or-leave-the-eu/.

票数占据优势的地区。[①]（如表 4.22）

表 4.22　英国各地“脱欧”公投结果（单位：%）[②]

地区		“脱欧”	“留欧”	投票率
英格兰	东部	56.5	43.5	75.7
	东北部	58.0	42.0	69.3
	东南部	51.8	48.2	76.8
	西北部	53.7	46.3	70.0
	西南部	52.6	47.4	76.7
	中英格兰东部	58.8	41.2	74.2
	中英格兰西部	59.3	40.7	72.0
	约克郡和亨伯河流域	57.7	42.3	70.7
	伦敦	40.1	59.9	69.7
苏格兰		38.0	62.0	67.2
威尔士		52.5	47.5	71.7
北爱尔兰		44.2	55.8	62.7

在党派归属方面，54% 的保守党支持者和 33% 的工党支持者选择“脱欧”，67% 的工党支持者和 73% 的自由民主党支持者选择“留欧”，英国独立党的支持者均选择“脱欧”。[③]

① Elise Uberoi，“Analysis of the EU Referendum Results 2016”，https://researchbriefings.files.parliament.uk/documents/CBP-7639/CBP-7639.pdf.

② 同上。

③ Elizabeth Clery，et al. “British Social Attitudes 34 Report”，https://www.bsa.natcen.ac.uk/media/39196/bsa34_full-report_fin.pdf.

在年龄和职业方面，精英阶层和青年学生倾向于“留欧”立场，而更多的蓝领工人、失业者、养老金领取者选择了“脱欧”立场。“留欧”投票者在 54 岁以下年龄段占据优势，其中 18 岁至 24 岁年龄段的“留欧”投票者高达 72%。“脱欧”投票者在 55 岁以上群体占据优势，其中 65 岁以上群体多达 63% 支持“脱欧”。①

公投结果引起英国政坛和社会的剧烈震荡，超过 400 万人参加网上签名要求举行“二次公投”。“脱离欧盟意味着什么？”和“什么是欧盟？”登上了谷歌英国搜索热门话题排行榜的前两名，反映了民众对于公投实质缺乏足够的认知和充分的准备。不同机构举行的民调显示，认为英国不应该离开欧盟的受访者占据多数，支持“留欧”但缺席投票的受访者多于支持“脱欧”而没参加投票的人数。②

“脱欧”公投没有取得平息纷争和塑造共识的效果。公投后，“脱欧”和“留欧”两大阵营分化为“硬脱欧”、“软脱欧”和“二次公投”三大阵营，各自立场泾渭分明，政治共识难以形成。其中，“硬脱欧”源于原“脱欧”阵营，主张英国彻底脱离欧盟，重新掌控边界、移民、司法、贸易等权力。“软脱欧”主要源于原“留欧”阵营，主张避免英国和欧盟彻底决裂，力图留在欧盟的单一市场和关税同盟，减少英国的经济风险和社会动荡。“二次公投”主要源于原“留欧”阵营，旨在发起另一次公投以改变“脱欧”决定。

围绕如何实行“脱欧”和是否举行公投，英国政坛持续争论，媒体舆论推波助澜，社会撕裂愈发严重。与“脱欧”公投时相似，“脱欧派”和“留欧派”均没有明显的优势。关于“再次举行“脱欧”公投你会如何投票”的历次民调结果显示，选择“留欧”的受访者略多于“脱欧”支持者，但仍有 10% 至

---

① Elizabeth Clery，et al.“British Social Attitudes 34 Report”，https://www.bsa.natcen.ac.uk/media/39196/bsa34_full-report_fin.pdf.

② Roch Dunin-Wasowicz，“Brexit is Not the Will of The British People – It Never Has Been”，https://blogs.lse.ac.uk/brexit/2016/10/24/brexit-is-not-the-will-of-the-british-people-it-never-has-been/.

20% 的受访者表示“不知道”或者“没决定”。[①] 随着英国经济增速再度放缓和“脱欧”谈判陷入僵局，“软脱欧”和“二次公投”的支持者有所上升。

两极分化的公投结果能否全面反映民众意愿的真实性、是否真正符合民众利益的长远性，确实有待商榷。但是，出于维护民主制度、尊重投票规定的政治正确原则，整体更倾向“留欧”立场的政治精英被迫执行全民公投的“脱欧”结果。在卡梅伦辞职后，特蕾莎·梅政府以遵循民意为由，没有经过风险的充分评估、党派的充分协商和民意的充分了解便仓促启动了“脱欧”进程。在民众对“脱欧”谈判的专业性和复杂性缺乏足够了解的背景下，政府“脱欧”谈判准备不足和路径不明，不仅未能弥合分歧和达成共识，反而不断激化英国政坛分歧和社会矛盾。

第二，“脱欧”进程催生了英国的政治分化。国际金融危机爆发后，民粹主义在全球范围内加速蔓延。英国的左翼民粹主义主要体现在主流政党——工党之内。科尔宾时期工党的左右翼力量对比发生了重大变化，其政治理念和活动方式呈现左翼民粹主义色彩。以英国退出欧盟为主要诉求的独立党则是右翼民粹主义政党的代表，奈杰尔·法拉奇（Nigel Farage）于 2010 年再次成为该党领袖之后，利用英国民众面对经济全球化、欧洲一体化的被剥夺感和不安全感，承诺控制边境、减少移民、保护就业，推动独立党的政策主张从退出欧洲的单一议题向移民、经济、教育、极端主义等其他方面拓展。独立党的选举表现不断攀升，2014 年欧洲议会选举以 27.5% 的得票率和 24 个议席跃升为欧洲议会中的英国第一大党。[②] 2015 年大选英国独立党的得票率和选票只落后于保守党和工党，位列第三位。在“脱欧”公投中，英国独立党发挥了重要的推动作用。

“脱欧”公投是政治博弈的结果，也是新一轮政治博弈的开端。各政党

① What UK Thinks EU，“If There Was Another Referendum on Britain's Membership of the EU，How Would You Vote?”，https://whatukthinks.org/eu/questions/if-a-second-eu-referendum-were-held-today-how-would-you-vote/.

② Oliver Hawkins and Vaughne Miller，“European Parliament Elections 2014”，https://researchbriefings.files.parliament.uk/documents/RP14-32/RP14-32.pdf.

的“脱欧”立场不同，既有政党理念差异的因素，也有选举政治方面的考虑。对于在野党而言，“脱欧”公投激化了工党内部左右翼的冲突，引发了挑战党魁的选举。科尔宾再次当选工党领袖后，呼吁加强党内团结，共同反对保守党政府的政策。自由民主党隶属“留欧”阵营，反对举行“脱欧”公投，主张提前举行大选、推翻公投结果，其立场赢得“留欧派”民众的支持。以英国退出欧盟为主要诉求的英国独立党在推动“脱欧”公投、完成主要议题之后面临身份定位的转型困境，该党领袖法拉奇宣布辞职。苏格兰民族党则以“脱欧”公投结果不符合苏格兰民意为由，提出独立公投的要求。

保守党作为执政党，以履行公投、完成“脱欧”为首要任务。在新一轮领导权的角逐过程中，“留欧派”代表奥斯本和“脱欧派”代表约翰逊、戈夫、安德烈娅·利德索姆（Andrea Leadsom）相继退出党魁角逐，支持“留欧”的梅作为唯一候选人，没有经过党内选举就出任保守党新领袖并接任首相，其在移民问题、欧盟人员流动等方面的立场相比卡梅伦更加强硬，又不如约翰逊激进，因而成为党内各派相互妥协的人选。

2017 年 3 月 29 日，英国政府正式启动《里斯本条约》第 50 条，开始为期两年的“脱欧”程序。由于保守党内部分歧严重而且只有 12 席的议会优势，梅试图借助保守党民调结果大幅领先的有利形势，通过提前大选来巩固个人的党内地位、扩大政党的议席优势和获得完整的政府任期，从而掌握“脱欧”谈判的主导权，确保“脱欧”进程的稳定性。2017 年 4 月，下议院以 522 票赞成、13 票反对的压倒性多数通过提前大选的议案。此时，工党的支持率落后保守党多达 20%。[①]

2017 年大选的核心议题原本是“脱欧”，但选民和媒体关注的重点逐渐偏离了保守党的设想。从外因来看，选前伦敦和曼彻斯特接连遭遇恐怖袭击，导致 2010 年至 2016 年担任内政大臣期间削减警力和警方经费的梅备受指责，“强大而稳定”（Strong and Stable）的竞选口号显得黯然失色。在内因方面，

① Peter Barnes, “How Political Polling Tells the Story of 2017”, https://www.bbc.co.uk/news/uk-politics-42414394.

保守党的国内政策失误不断。为缓解老龄化社会带来的财政压力，保守党的社会保障方案提出把老人的房产用于其去世后偿还护理开支，被工党讽刺为“痴呆税”（Dementia Tax）。在激发争议之后，梅又改称要设定护理费上限。养老政策反复无常，引发传统上倾向于保守党的老年选民不满。相反，工党的竞选纲领正视金融危机以来社会分化的问题，找准政策取向的立足点，以维护就业权利、提高最低工资、兴建保障住房的承诺来缓解普通民众对于移民问题的担忧，以取消大学学费、发放生活补助、控制租金费用的主张来赢得年轻选民的认可。

在不足两个月的竞选时间内，保守党的领先优势不断缩窄，最终时隔七年英国再度出现“悬浮议会”。两大党的总得票率为1970年以来的最大值，差距为1974年以来的最小值。保守党得票率为42.3%，1360万张选票位列英国选举历史第二位，获得的317个议席却低于2015年大选的330席和组阁门槛的326席，只能和获得10席的北爱尔兰民主统一党组建联合政府。

工党得益于对手社会政策频繁失误和自身竞选纲领特色鲜明，选举表现取得了显著进展。选前民调一度大幅落后的工党赢得262席和40%的得票率，均高于2015年的232席和30.5%的得票率，终止了2001年大选以来议席下滑的态势。在英格兰、苏格兰和威尔士，工党的得票率分别上升了10.3%、2.8%和12.1%。在英格兰东北部、西北部和伦敦，工党的得票率高达55.4%、54.9%和54.5%。在议席变化方面，工党有6个议席输给了保守党，但从保守党和苏格兰民族党手中分别夺取28席和6席。

苏格兰民族党以第二次独立公投作为重要竞选内容，把苏格兰“留欧”支持者比例更高误判为苏格兰独立运动契机，结果从2015年的56席降至35席，在苏格兰地区的得票率也从50.0%降至36.9%。在完成公投目标之后，英国独立党遭遇领袖辞职、身份认同等危机，仅有1.8%支持率和59.4万张选票并失去唯一的议席，影响力迅速减弱。公开支持“留欧”的自由民主党赢得12个席位和7.4%的得票率，仍与2010年的57席相差甚远。（如表4.23）

表 4.23　2017 年英国大选结果[①]

政党	得票率	对比 2015 年大选	议席数	对比 2015 年大选
保守党	42.3%	+5.5%	317 席	–13 席
工党	40.0%	+9.5%	262 席	+30 席
自由民主党	7.4%	–0.5%	12 席	+4 席
苏格兰民族党	3.0%	–1.9%	35 席	–21 席

2017 年大选是“脱欧”公投后的首次大选。选民的投票行为受到“脱欧”立场和政党认同交织的影响。在传统的左右翼维度之外，“脱欧”公投的参与者及其公投选择成为选民的新身份属性，进而把选民区分为“脱欧”投票者（Leave Voters）和“留欧”投票者（Remain Voters）。益普索·莫里调查机构的研究表明，47% 的“留欧”投票者和 39% 的“脱欧”投票者在大选中支持工党，未参加“脱欧”公投的选民则有 66% 支持工党。[②] 英国社会态度的调查显示，在 2017 年大选的选民中，52% 的“留欧”投票者和 30% 的“脱欧”投票者支持工党，13% 的“留欧”投票者和 3% 的“脱欧”投票者支持自由民主党，而 29% 的“留欧”投票者和 58% 的“脱欧”投票者选择保守党。[③] 与 2015 年大选相比，工党的新增选民更多来自“留欧”阵营，而保守党的新增选民主要来自“脱欧”阵营。随着自由民主党和英国独立党影响力的下滑，工党和保守党成为“留欧”和“脱欧”两大阵营选民的主要选择对象，社会分裂和政治对立变得更加严重。

值得注意的是，工党在左翼、中间和右翼政治立场选民中的支持率均有所上升，科尔宾带领工党激进左转并未造成左翼选民支持率的显著提高和

① Vyara Apostolova，et al.“General Election 2017 Full Results and Analysis”，https://research-briefings.files.parliament.uk/documents/CBP-7979/CBP-7979.pdf.

② 同上。

③ Daniel Phillips，et al.“British Social Attitudes 35 Report”，https://www.bsa.natcen.ac.uk/media/39284/bsa35_full-report.pdf.

右翼选民支持率的明显下降（如表 4.24）。但是，工党在“自由主义选民”（Libertarian Voters）中的支持率从 2015 年的 37% 上升为 2017 年的 55%，在“中间选民”（Centre Voters）和“威权主义选民”（Authoritarian Voters）中的增幅只有 6% 和 5%。[①] 这种划分维度认为，自由主义即社会自由主义，主张人们可以自由选择他们所遵循的道德准则和所尊重的社会习俗，乐于生活在多元化、多种族、多语种的社会。威权主义又名社会保守主义，认为社会需要鼓励和实行共同的道德准则、社会习俗和语言使用来增强社会凝聚力，他们更愿意生活在相对同质化的社会中。结合“自由主义选民”和“威权主义选民”对待移民难民问题和欧洲一体化进程的立场差异，2017 年大选折射出选民的投票倾向受到了政党“脱欧”立场和自身“脱欧”态度的较大影响。

表 4.24　2010 年至 2017 年英国大选各政治立场选民投票情况（单位：%）[②]

类别 \ 年份		2010	2015	2017
左翼选民	保守党	21	17	20
	工党	43	51	60
中间选民	保守党	39	36	39
	工党	33	33	45
右翼选民	保守党	51	66	64
	工党	21	15	23

各阶层群体的投票倾向与“脱欧”公投折射的社会阶层分化相吻合。工党在大学学历拥有者选民中的得票率为 48%，比 2015 年新增了 13%，而保

① Daniel Phillips，et al.“British Social Attitudes 35 Report”，https://www.bsa.natcen.ac.uk/media/39284/bsa35_full-report.pdf.

② 同上。

守党在没有学历选民中的得票率为47%，上升了12%。[①] 工党的中产阶级选民得票率和保守党的工人阶级选民得票率均为1979年以来的最高值。工党在中产阶级选民中的得票率增幅大于保守党，保守党则在"熟练工人阶级"选票中超过了工党（如表4.25）。值得注意的是，工人阶级作为工党的重要选民基础，其对于保守党支持的增幅要大于对于工党的支持，其重要原因在于英国独立党的衰退使一部分社会保守主义立场的工人阶级选民转向支持保守党。调查显示，2015年大选英国独立党的支持者中有57%和18%在2017年大选中转投保守党和工党。[②]

表4.25　2017年英国大选各阶层投票情况（单位：%）[③]

社会群体 \ 政党	保守党	相比2015年	工党	相比2015年	投票率
中产阶级上层、中产阶级（AB）	47	+2	37	+11	73
中产阶级下层（C1）	44	+3	40	+11	74
熟练工人阶级（C2）	45	+13	41	+9	66
工人阶级、处于最低生活水平群体（DE）	38	+11	47	+6	61

工党的各年龄段选民得票率均有所上升，在中青年选民群体中的优势进一步扩大，并且获益于青年选民创20年新高的投票率，使其整体选举表现超出预期。工党关于免除大学学费、应对青年债务、加强就业扶持、提供住房保障的政策主张对于备受经济危机和财政紧缩冲击的青年选民具有很强的吸引力。青年选民积极参加2017年大选投票的现象被媒体形容为"青年震荡"（Youthquake）。（如表4.26）

① Daniel Phillips，et al. "British Social Attitudes 35 Report"，https://www.bsa.natcen.ac.uk/media/39284/bsa35_full-report.pdf.

② Lord Ashcroft，"How Did This Result Happen? My Post-Vote Survey"，https://lordashcroftpolls.com/2017/06/result-happen-post-vote-survey/.

③ Vyara Apostolova，et al. "General Election 2017 Full Results and Analysis"，https://researchbriefings.files.parliament.uk/documents/CBP-7979/CBP-7979.pdf.

表 4.26　2017 年英国大选各年龄段选民投票情况（单位：%）[①]

政党 / 年龄	保守党	相比 2015 年	工党	相比 2015 年	投票率	相比 2015 年
18—24 岁	27	0	62	+19	64	+21
25—34 岁	27	–6	56	+20	64	+10
35—44 岁	33	–2	49	+14	63	–1
45—54 岁	43	+7	40	+7	72	0
55—64 岁	51	+14	34	+3	73	–4
65 岁以上	61	+14	25	+2	73	–5

第三，"脱欧"进程加剧了英国的政治极化。根据"脱欧"流程，英欧谈判形成的"脱欧"协议需要经过英国内阁同意、欧盟峰会批准、英国议会通过和欧洲议会确认的程序。"脱欧"进程没有先例可循，其程序商议、协议谈判和议会表决牵涉国内外各方利益，经历了漫长的拉锯战。"脱欧"上升为英国政治议题和政治博弈的主要内容，"脱欧"立场及其相关问题占据了政治辩论和媒体报道的显著位置。各政党纷纷争夺代表民意的话语权，寻求自身主张的合法性。然而，它们既缺乏接受"脱欧"协议的政治妥协，也缺乏提出替代方案的政治智慧。还有的党派和政客利用现有制度体系因应对"脱欧"这一全新议题而产生的短板和漏洞来扩大政治分歧、谋取政治利益，导致"脱欧"议而不决、政治纷争不断、社会民意愈加撕裂。

在保守党内部，特雷莎·梅缺乏协调各方的个人权威和领导能力，提前大选的意外失利加剧了信任危机。大选后，党内多达 40 名议员签署针对她的不信任函，离触发不信任投票所需的 48 票仅差 8 票，随着"脱欧"进程深入，党内分歧日益凸显，形成以财政大臣菲利普·哈蒙德（Philip Hammond）为

① Vyara Apostolova，et al. "General Election 2017 Full Results and Analysis"，https://research-briefings.files.parliament.uk/documents/CBP-7979/CBP-7979.pdf.

代表的“软脱欧”派和以大卫·戴维斯（David Davies）、约翰逊为代表的“硬脱欧”派。梅遭到持续施压，以外交大臣约翰逊、“脱欧”事务大臣戴维斯为代表的“硬脱欧”派内阁成员因不满“脱欧”方案而相继辞职。在党内议员发起的不信任投票中，梅仅获三分之二的保守党议员拥护，反对票多达 117 张，暴露了梅的领导困境，反映了党内“硬脱欧”派和“软脱欧”派的重大矛盾。

在议会之内，保守党并非议会多数党，主导议会能力较弱，加上党内分歧和议会党团纪律涣散，弱化了梅政府的决策效率和执行能力。保守党的政治盟友北爱尔兰民主统一党强烈反对关于北爱尔兰和爱尔兰的边界安排，增加了“脱欧”协议的表决难度。议会通过了限制政府“脱欧”权限的法案，获得了“脱欧”协议的最终确认权，从而更加主动参与“脱欧”决策，成为制衡和监督政府“脱欧”进程的关键力量。

在“悬浮议会”和党内分歧的背景下，梅政府要兼顾多方利益，争取反对党工党以及苏格兰民族党、自由民主党等“留欧”立场政党的支持，顺利推动“脱欧”进程的难度极大。梅政府采取整合各派别的理性思路和折中路径，既得不到党内议员的有力支持，又遭到了在野党的强烈反对。由于既要坚持尊重全民公投结果的政治正确原则，又要避免经济萎缩、外资逃离、物资短缺、大规模失业等“无协议脱欧”风险，梅反复强调“脱欧”协议是现有条件的最佳方案，以强硬立场取代灵活妥协，以少数派政府主导取代跨党派协商，以“脱欧”期限临近、“无协议脱欧”风险、“二次公投”逆转“脱欧”进程为由倒逼议员通过协议，却低估了党内反对派和议会反对党的力量。

保守党和北爱尔兰联合统一党的联合政府存在内部分歧，加上工党、自由民主党、苏格兰民族党等“留欧”阵营的持续反对，“脱欧”协议的表决深陷僵局，各种方案均无法获得过半数的议员赞成。2019 年 1 月，下议院以 432 票反对、202 票赞成的巨大差距否决了“脱欧”协议，是 1918 年以来英国政府在议会遭遇的最大挫败（如表 4.27）。绝大部分的工党议员选择反对票。在“脱欧”协议多次延迟表决和接连遭到否决后，议会以 329 票赞成和 302 票反对通过“议会事务权”修正案，掌握一定程度的“脱欧”议题设置权，标志着政府进一步失去“脱欧”进程的主导权。

表 4.27　英国下议院“脱欧”协议表决结果[①]

	赞成票	赞成票构成	反对票	反对票构成
第一次表决	202 票	保守党 196 票、工党 3 票、独立议员 3 票	432 票	保守党 118 票、工党 248 票等
第二次表决	242 票	保守党 235 票、工党 3 票、独立议员 4 票	391 票	保守党 75 票、工党 238 票等
第三次表决	286 票	保守党 277 票、工党 5 票、独立议员 4 票	344 票	保守党 34 票、工党 234 票等

然而，议会同样无法提出获得多数同意的解决办法。两轮“指示性投票”（Indicative Votes）的 12 种替代方案无一赢得议会多数（如表 4.28）。第一轮“指示性投票”的“工党方案”和“二次公投”方案分别由工党领袖科尔宾和资深议员玛格丽特·贝克特（Margaret Beckett）提出。第二轮“指示性投票”的“二次公投”方案由工党议员菲尔·威尔逊（Phil Wilson）和彼得·凯尔（Peter Kyle）发起。是否开展第三轮“指示性投票”的表决出现 310 票支持和 310 票反对的结果，为英国议会 1993 年以来首次发生票数相同情况。避免“无协议脱欧”的延期“脱欧”动议仅以 313 票比 312 票的微弱多数通过。

在议会之外，试图逆转“脱欧”公投结果的诉求依然具有较大影响。梅政府决意执行公投结果，声称“脱欧”代表人民意志。但是，关于“英国投票退出欧盟是正确还是错误”的调查结果显示，从 2017 年下半年起选择“错误”的受访者开始超过认为“正确”的受访者。[②]79% 的“留欧”投票者和 57% 的“脱欧”投票者认为政府在“脱欧”谈判上处理不当。只有 26% 的受访者认为保守党拥有清晰的“脱欧”政策，14% 认为工党的“脱欧”政策清晰。[③] 不同党派议员联合发起的“人民投票”运动（People’s Vote）坚持举行“二

① UK Parliament，“Hansard”，https://hansard.parliament.uk/search/Divisions.

② What UK Thinks EU，“In Hindsight，Do You Think Britain Was Right or Wrong to Vote to Leave the EU?”，https://whatukthinks.org/eu/questions/in-highsight-do-you-think-britain-was-right-or-wrong-to-vote-to-leave-the-eu/.

③ Anthony Wells，“The EU Referendum: Two Years On”，https://yougov.co.uk/topics/politics/articles-reports/2018/06/23/eu-referendum-two-years.

次公投”,支持者日益增多。撤回“脱欧”条款的请愿书获得了超过500万签名,打破了英国网上签名记录。

表4.28 2019年英国议会两轮“指示性投票”结果(单位:票)①

指示性投票	动议	赞成	反对	未投票
第一轮	无协议“脱欧”	160	400	89
	共同市场2.0	189	283	177
	单一市场	64	377	208
	关税同盟	265	271	113
	工党方案	237	307	105
	取消“脱欧”	184	293	172
	二次公投	268	295	86
	“暂停”协议	139	422	88
第二轮	关税同盟	273	276	100
	共同市场2.0	261	282	106
	二次公投	280	292	77
	取消“脱欧”	191	292	166

政治议题的重大矛盾是“脱欧”进程陷入困境的直接原因。尽管梅政府表示“脱欧就是英国脱离欧盟”,但是实际操作层面的“脱欧”谈判存在“脱欧”过渡期措施、英欧“分手费”数额、在英欧盟公民权利、英国和爱尔兰边界安排、英欧未来贸易关系等复杂议题。其中,北爱尔兰和爱尔兰的边界安排是“脱欧”

① Elise Uberoi, “Indicative Votes 2.0: Where Did Support Lie?”, https://commonslibrary.parliament.uk/indicative-votes-2-0-where-did-support-lie/.

协议的难点。

一方面，北爱尔兰地区存在特殊历史和政治背景，不宜迅速变为“硬边界”。1998 年工党执政时期推动签署了《贝尔法斯特协议》，基本结束了北爱尔兰地区持续数十年的流血冲突。在欧盟成员国的框架内，人员物资自由流动的“软边界”为北爱尔兰和爱尔兰提供了便利，为北爱尔兰地区和平提供了保障。“脱欧”后，英国北爱尔兰地区和欧盟成员国爱尔兰共和国之间的边界变为英国和欧盟的唯一陆地边界，国界线将重新取代欧盟内部自由流动。一旦长达 500 公里、拥有 300 多个主要出入口的边境线重新设置海关和恢复检查设施，将极大阻碍两地的密切联系，甚至重新激发北爱尔兰民族主义的情绪，损害北爱尔兰和平进程的成果。

另一方面，北爱尔兰地区属于英国，不能长期设置“软边界”。“脱欧”协议规定，一旦过渡期内英国和欧盟无法协商出关于北爱尔兰边界的更好方案，那么过渡期结束时将启动“备份安排”（Backstop），避免出现实体海关和边防检查的“硬边界”。然而，“备份安排”的持续时间和替代方案并不明确。把部分国土遗留在欧盟内部的做法事实上制造了英国的内部边界，切割了北爱尔兰和英国其他地区的关系，损害了英国主权独立和领土完整，甚至导致英国长期“滞留”欧盟，违背公投决定。因此，这项把问题留待未来技术解决的“灾难性条款”在英国国内遭到了强烈反对。

英欧未来关系也是“脱欧”协议的重要变数。“脱欧”未有先例可鉴，其协议谈判经历“拉锯式”进程。对于英国而言，梅版“脱欧”协议遭到三次否决，“无协议脱欧”又不被议会通过。“硬脱欧”阵营指责协议向欧盟让步过多，违背退出欧盟单一市场和关税同盟的原则，“软脱欧”阵营则希望英国留在欧盟的单一市场和关税同盟。议会既不批准现有协议，又否决“无协议脱欧”和“二次公投”，标志着以“脱欧”期限临近倒逼议会支持通过、以短暂延期“脱欧”争取“有协议脱欧”难以实现，那么延长“脱欧”时间、重新协商协议、争取议会支持成为唯一选项。但是，欧盟明确拒绝了重新谈判“脱欧”协议的要求。英国无须履行义务却享受成员国便利的“软脱欧”

设想更是触及了欧盟底线，将会助长其他成员国的"脱欧"倾向。"无协议脱欧"和"延迟脱欧"是欧盟提供的两个选项，前者已被英国议会否决，也不符合双方利益。新协议或"延迟脱欧"均需要27个欧盟成员国的一致批准。因此，梅版本的"脱欧"协议面临难以修改又不被通过的双重僵局。

政治制度的深层问题是"脱欧"进程陷入困境的根本原因。"脱欧"博弈使英国政治制度成为经济全球化、区域一体化、政治民粹化、民意碎片化、社会信息化等因素相互叠加的交汇点。陷入僵局的政党政治和陷入争斗的政治精英加剧了社会民意的撕裂程度和政党政治的对抗程度，暴露了全局性和深层次的问题。

英国是议会民主制国家，议会享有最高权力，实行下议院、执政党、政府内阁相互依赖、相对一致的议会内阁制。根据代议制民主逻辑，经过竞争选举、政策辩论和民意选择所形成的政治领导和政治决策能够较好地体现民意。然而，现行单一选区简单多数的选举制度越来越难以适应时代变迁和社会发展。2017年大选得票率显著提升的主流政党失去单独组阁的地位，得票率低的政党亦未有相应数量的议席。政党选票和议席比例严重不一致，加上英国各地区、各阶层的政治参与度不平衡，削弱了议会构成的民意代表性。

政党作为代议制民主政体的重要组成部分，难以有效应对社会经济结构的持续变化，利益表达和社会整合功能有所弱化。西方民主制度结构性地制造社会的隔裂和政治冷漠，政治冷漠不仅表现为不参与，还表现为参与的任意性，这为政客操纵民意提供了机会。[①] 执政党草率地运用全民公投作为重大决策手段，彰显政治能力和政治担当不足。北爱尔兰联合统一党作为联合政府参与者，和保守党围绕北爱尔兰未来定位、边界问题存在根本分歧。苏格兰民族党则把推动苏格兰独立并重新加入欧盟作为政治目标。

作为最大在野党，工党的"脱欧"立场和方案摇摆不定，为反对而反对的批评性意见更像利益博弈的产物，而非监督政府权力的建设性措施，无助于

① 王明进：《英国"脱欧"进程不确定性的消极影响》，载《人民论坛·学术前沿》，2019年第6期，第39页。

弥合分歧。在“脱欧”陷入困境、梅政府饱受指责的情况下，再次提前大选、争取上台执政是工党的主要目标。虽然工党内部缺乏一致的“脱欧”立场和明确的替代方案，但是党魁科尔宾充当保守党“脱欧”协议的反对者，以“脱欧”立场的模糊性来最大程度地批评现政府、最大限度地争取支持者，并伺机继续发起针对政府的不信任动议。

可见，各政党既缺乏接受“脱欧”协议的政治妥协，也欠缺提出替代方案的政治智慧；既没有着眼国家长远利益和民众整体利益，也未能整合多元化、碎片化的利益诉求，有的政党和政客甚至过度迎合乃至刻意放大民众非理性情绪，利用社会民粹化思潮来实现自身的政治目的。

三、英国工党身份定位和社会基础的主要悖论

（一）2019 年大选工党的选举表现

“脱欧”进程冗长混乱和“脱欧”谈判陷入困境为工党提供了批评政府政策和争取更多选民的机会。2017 年大选结果进一步强化了工党伺机发起提前大选并以左右逢源的“脱欧”立场来争取“脱欧派”和“留欧派”选民的战略。然而，漫长而混乱的“脱欧”进程及其带来的经济、政治、社会不确定性，逐渐使英国民众心生厌倦，对两大党纠缠的政治博弈和处理“脱欧”不力日益不满。在 2019 年 5 月的英国地方选举中，保守党失去了 55 个地方议会的控制权，创下 1995 年以来的最差表现。工党丧失了 7 个地方议会的控制权。自由民主党夺得了 12 个地方议会，成为最大赢家。①

2019 年 5 月，英国与其他国家一起参加了欧洲议会选举，欧洲议会也保留了 2014 年选举时英国的议席总数。工党在竞选纲领中反对梅版“脱欧”协议和“无协议脱欧”，主张“脱欧”后建立英国具有话语权的关税同盟和

① Elise Uberoi，“UK Local Elections 2019”，https://researchbriefings.files.parliament.uk/documents/CBP-8566/CBP-8566.pdf.

保持英欧紧密联系的单一市场，确保北爱尔兰和平进程的成果。一旦工党替代方案或提前举行大选不被接受，工党将支持“二次公投”的选择。[①] 保守党没有提出完整的竞选纲领和组织正式的竞选活动，只是强调自身是唯一能够完成“脱欧”的政党。自由民主党和苏格兰民族党均以“停止脱欧”为竞选主题。

久拖不决的“脱欧”进程加剧了民众对政治精英的不满，民粹主义的发展获得了政治空间，并与民族主义、疑欧主义相互交织。独立党前党魁法拉奇成立的新政党——“脱欧”党获得 31.6% 的选票和 29 个席位，成为英国在欧洲议会中的第一大党。“保守党政府在“脱欧”问题上不尽如人意的表现使更多支持‘硬脱欧’的民众转而支持“脱欧”党。”[②] 自由民主党得票率为 20.3%，新增 15 席达到 16 席，为 1979 年来的最高值。保守党只剩下 4 席，得票率为 9.1%，是 1832 年以来该党全国性选举得票率的最低值。工党失去了 10 席，得票率只有 14.1%，是 1979 年以来在欧洲议会选举中的最差表现。[③]

在协议表决屡次受挫之后，梅试图超越党派利益和公投结果的束缚，从强硬的“脱欧”立场转向务实的“脱欧”策略，从国家利益和现实情况出发来推动“脱欧”进程。然而，保守党和工党的跨党派谈判历时一个多月最终失败。梅把“二次公投”加入“脱欧”协议修改版的做法引起了党内“脱欧派”的强烈不满，最终被迫辞职。

2019 年 7 月，约翰逊赢得保守党议会党团和普通党员的多数支持，以 92 153 票比 46 656 票的显著优势当选党魁进而出任首相。竞选最后一轮的两位候选人约翰逊和杰里米·亨特(Jeremy Hunt)均为“硬脱欧”的代表人物。“保守党由温和的疑欧政党转变为‘软脱欧’政党，最终转向强硬的“脱欧”政党，

---

① Labour Party，“Transforming Britain and Europe: For the Many Not the Few”，https://labour.org.uk/wp-content/uploads/2019/05/Transforming-Britain-and-Europe-for-the-many-not-the-few.pdf.

② 夏添:《英国政党政治形势》，载王展鹏主编:《英国发展报告（2018—2019）》，北京：社会科学文献出版社，2019 年版，第 71 页。

③ Stefano Fella，et al. “European Parliament Elections 2019: Results and Analysis”，https://research-briefings.files.parliament.uk/documents/CBP-8600/CBP-8600.pdf.

为“脱欧”不计代价。”①

约翰逊继任后大幅改组内阁，形成了以党内右翼、“硬脱欧”派和个人支持者为主体的执政团队，获得了党内“脱欧派”的认同。在2019年9月下议院的议程控制权投票后，保守党开除了21名违反党团纪律的党内议员，从而彻底失去了在议会的议席优势，面临更大的执政困难。2019年10月，英国和欧盟达成了新的“脱欧”协议，取消了影响英国主权完整的北爱尔兰边境“备份安排”。在新协议即将付诸辩论之际，下议院以通过修正案的方式加以阻挠，要求政府先完成“脱欧”协议所关联的立法程序，再将协议交由议会表决。“脱欧”期限被迫从2019年10月31日延迟到2020年1月31日。此时，提前大选、重组议会成为破解“脱欧”困局的可能途径。执政党和在野党围绕大选时机展开博弈，提前大选的动议历经三次否决，最终获得超过三分之二的议员同意而通过。11月5日，议会宣布解散，大选序幕开启。

2019年12月12日的大选是英国自1918年以来的首次冬季大选，也是脱欧公投四年以来的第三场大选。这次因“脱欧”而提前举行的大选是英国“脱欧”进程的转折点，也是“脱欧”走向乃至国家发展的风向标，在某种程度上可视为“脱欧”进入关键阶段的变相公投，被认为是“一代人最重要的一次大选”②。

约翰逊接任党魁后，保守党的支持率逐步回升，重新反超工党。在宣布提前大选后，保守党和工党的支持率稳步上升，自由民主党和“脱欧”党则明显回落。③从竞选开始到出口民调，保守党维持大约10%的领先优势。国家医疗服务体系出售风波和伦敦恐怖袭击事件增加了选举的不确定性，但是

---

① 孔新峰：《从2019年大选看英国政治的制度韧性》，载《当代世界社会主义问题》，2020年第1期，第102页。

② Peter Walker and Nadeem Badshah, “Polls Open in ‘Most Important General Election in a Generation’”, https://www.theguardian.com/politics/2019/dec/12/polls-open-in-most-important-general-election-in-a-generation.

③ Dan Bloom, et al. “UK General Election Poll Tracker: Latest Party Odds and Polling Results in Full”, https://www.mirror.co.uk/news/politics/uk-politics-poll-tracker-general-20070947.

保守党把握住议程主动权。大选并未出现 2017 年的意外走向，其主要悬念在于保守党能否单独执政。

2019 年大选投票率为 67.3%，略低于 2017 年的 68.8%。保守党和工党的总得票率为 75.7%，低于 2017 年的 82.3%，高于 2015 年的 67.2%。在 650 个议席中，两大党共获得其中的 567 个，没有出现类似 2010 年和 2017 年的“悬浮议会”情况，两党制的传统政治格局依然稳定。保守党赢得了 1987 年以来最多的议席和 1979 年以来最高的得票率，取得了压倒性胜利。工党遭遇了 1935 年以来最严重的失利，仅剩 202 个席位，是得票率下降的唯一主流政党。自由民主党得票率高于 2015 年和 2017 年，仍低于 1974 年至 2010 年间的水平，获得 11 个议席。（如表 4.29）

就单一议题党和地区性政党而言，苏格兰民族党获得了苏格兰地区 45.0% 的选票和 48 个下议院议席。与 2017 年相比，前者上升了 8.1%，后者增加了 13 个。“脱欧”党参与了全国 275 个选区的角逐，未能赢得议席，得票率仅 2.0%。英国独立党的得票率则由 2015 年的 12.6% 降至 0.07%，派出的候选人从 2017 年的 378 名减为 44 名，没能获得议席，影响力迅速式微。

表 4.29　2019 年英国大选结果①

政党	得票率	对比 2017 年大选	议席数	对比 2017 年大选
保守党	43.6%	+1.3%	365 席	+48 席
工党	32.1%	−7.9%	202 席	−60 席
自由民主党	11.5%	+4.1%	11 席	−1 席
苏格兰民族党	3.8%	+0.8%	48 席	+13 席

益普索·莫里调查机构的民调显示，工党在大部分年龄段选民中的支持率均出现下滑，2019 年大选没有再次发生青年选民高投票率的现象，使工党

① Elise Uberoi，et al. “General Election 2019: Full Results and Analysis”，https://research-briefings.files.parliament.uk/documents/CBP-8749/CBP-8749.pdf.

的总得票率受到了影响。（如表 4.30）

表 4.30　2019 年英国大选各年龄段选民投票情况（单位：%）[①]

年龄＼政党	保守党	相比 2017 年	工党	相比 2017 年	投票率	相比 2017 年
18—24 岁	19	–8	62	0	47	–7
25—34 岁	27	0	51	–5	55	0
35—44 岁	36	+3	39	–10	54	–2
45—54 岁	46	+3	28	–12	63	–3
55—64 岁	49	–2	27	–7	66	–5
65 岁以上	64	+3	17	–8	74	+3

从社会阶层的角度来看，工党不仅没有延续中产阶级选票上升的趋势，而且完全失去工人阶级选票优势。在熟练体力劳动者群体中，保守党得票率为 47%，工党得票率为 32%，与保守党的差距进一步拉大。在包含非熟练体力劳动者、退休人员、失业者在内的群体，保守党得票率为 41%，工党得票率为 39%，自 1997 年以来首次落后于保守党。（如表 4.31）

表 4.31　2019 年英国大选各阶层投票情况（单位：%）[②]

社会群体＼政党	保守党	相比 2017 年	工党	相比 2017 年	投票率
中产阶级上层、中产阶级（AB）	45	–2	30	–7	68
中产阶级下层（C1）	45	+1	32	–8	64
熟练工人阶级（C2）	47	+2	32	–9	59
工人阶级、处于最低生活水平群体（DE）	41	+3	39	–8	53

① Ipsos Mori，"How Britain Voted in the 2019 Election"，https://www.ipsos.com/ipsos-mori/en-uk/how-britain-voted-2019-election.

② 同上。

在“脱欧”公投以来的选举中，传统政治光谱围绕经济政策和社会政策的左右分野发生重组分化，选民的“脱欧”立场会转化为投票时的政党选择。益普索·莫里调查机构的民调表明，55%的英国受访者对欧洲问题的认同度非常强烈，只有22%的受访者表示政党认同非常强烈。① 在投票日当天对1.3万名投票者的调查显示，有55%的受访者认为医疗问题是投票考虑的三个最重要问题，有36%和21%的受访者分别选择了“完成脱欧”和“停止脱欧”。②

在身份政治因素弱化了传统政党忠诚的情况下，政党的“脱欧”立场越来越成为选民投票的关键依据。舆观公司对于4.1万名投票者的调查表明，“脱欧”投票者有74%选择保守党，有14%选择工党，只有3%选择自由民主党。“留欧”投票者各有19%和49%选择保守党和工党，有21%选择自由民主党。③ 另一项调查显示，工党支持者的改投比例高于保守党支持者。2017年选择保守党的“脱欧”投票者有92%继续支持该党，“留欧”投票者有8%改投工党。2017年选择工党的“留欧”投票者有84%继续支持该党，“脱欧”投票者有25%转投保守党。④

2019年大选政党议席的变化验证了民调和选票的变化。在650个选区中，409个是2016年公投“脱欧”投票者占多数的选区，241个是“留欧”投票者占多数的选区。“一旦传统大党稍稍改变自身位置，贴靠小党的固有空间，例如对“脱欧”与移民议题进行回应，此时选民则十分乐于进行大党对小党

① Bobby Duffy, et al. “How Polarised is the 2019 General Election?”, https://www.kcl.ac.uk/policy-institute/assets/how-polarised-is-the-2019-general-election.pdf.

② Lord Ashcroft, “How Britain Voted and Why: My 2019 General Election Post-Vote Poll”, https://lordashcroftpolls.com/2019/12/how-britain-voted-and-why-my-2019-general-election-post-vote-poll/.

③ Adam McDonnell and Chris Curtis, “How Britain Voted in the 2019 General Election”, https://yougov.co.uk/topics/politics/articles-reports/2019/12/17/how-britain-voted-2019-general-election.

④ Lord Ashcroft, “How Britain Voted and Why: My 2019 General Election Post-Vote Poll”, https://lordashcroftpolls.com/2019/12/how-britain-voted-and-why-my-2019-general-election-post-vote-poll/.

的替换。”[①] 保守党完成“脱欧”的鲜明立场赢得了大部分“脱欧派”选民的支持。在保守党365个议席中，有294个来自“脱欧”选区，即2016年公投倾向于“脱欧”的地区。保守党获得了全国72%的“脱欧”选区，大多数新增议席来自“脱欧”选区，包括52个原工党选区。保守党还守住了全部的“脱欧”选区，失去的议席全部位于2016年公投的“留欧”选区。工党丧失的议席大部分在“脱欧”选区，其202个议席有106个来自“脱欧”选区，96个来自“留欧”选区，折射出工党支持者的严重分化。（如表4.32）

表4.32 2019年英国大选选区变化（单位：个）[②]

2019年大选变化	2016年公投结果		共计
	“脱欧”	“留欧”	
保守党维持	239	68	307
保守党新增	55	2	57
保守党减少	0	10	10
工党维持	106	95	201
工党新增	0	1	1
工党减少	52	8	60
其他政党维持	8	53	61
其他政党新增	0	21	21
其他政党减少	3	6	9

① 张孝芳、范翕然：《英国右翼民粹主义政党的发展困境探析——以英国独立党为例》，载《当代世界与社会主义》，2020年第1期，第132页。

② Elise Uberoi，et al. “General Election 2019: Results and Analysis”，https://researchbriefings.files.parliament.uk/documents/CBP-8749/CBP-8749.pdf.

“脱欧”是逆全球化、民族主义、民粹主义思潮兴起的标志性事件，暴露出国家主权和欧盟超国家治理之间的矛盾，折射出英国国内政治问题和发展问题。全球化的深度发展没有在国家内部之间实现发展的均衡，反而加剧了社会问题和民众不满。经济衰落和社会衰败的地区成为疑欧主义和民粹主义的温床。英格兰中部和北部作为英国传统的工业区，既是工党的传统票仓，被称作“红墙”（The Red Wall），又受到“去工业化”的较大冲击，属于公投时的“脱欧”选区。大选结果表明，工党失去了该地区相当一部分选民的支持，而保守党取得了明显的进展，甚至夺取了部分历史上从未赢过的选区。工党的英格兰东北部、约克郡和亨伯河流域、英格兰西北部得票率分别下滑了 12.9%、10.1% 和 8.4%。在工党流向保守党的 54 个议席中，7 席位于英格兰东北部，9 席位于约克郡和亨伯河流域地区，12 席位于英格兰西北部，7 席位于中英格兰东部，9 席位于中英格兰西部。即使是“留欧”支持者占优势的大伦敦地区和威尔士地区，工党的得票率也分别下降了 6.4% 和 8.0%。保守党的威尔士地区支持率为 36.1%，创 1918 年以来的新高，还从工党手中夺取了 6 席。①

“脱欧”党作为“硬脱欧”阵营的坚定支持者，甚至主张“无协议脱欧”。当保守党拒绝与“脱欧”党结成选举联盟后，“脱欧”党出于避免选民分散、推动完成“脱欧”的考虑，没有派出候选人角逐 2017 年保守党胜选的 317 个选区。部分“脱欧”党欧洲议员还退出了该党并且呼吁自己选区的选民支持保守党。虽然“脱欧”党没有获得下议院议席，但是起到了分流工党选票、帮助保守党夺取工党议席的“搅局者”（Spoiler）作用。②

自由民主党凭借明确的“留欧”立场，吸引了亲欧选民的支持，取得了欧洲议会选举的佳绩，便继续在此次大选中沿用相似的竞选战略。作为“留

① Elise Uberoi，et al. “General Election 2019 Full Results and Analysis”，https://research-briefings.files.parliament.uk/documents/CBP-8749/CBP-8749.pdf.

② Pippa Norris，“Was Farage the Midwife Delivering Johnson’s Victory? The Brexit Party and the Size of the Conservative Majority”，https://blogs.lse.ac.uk/politicsandpolicy/ge2019-brexit-party-impact/.

欧”阵营的中坚力量，自由民主党坚决主张取消“脱欧”，其竞选口号是“阻止脱欧，建设更美好的未来”（Stop Brexit and Build a Brighter Future）。自由民主党、绿党和威尔士党在英格兰和威尔士的60个选区中达成竞选协议和运用选举策略，但由于缺少工党的参与，结果，主张取消“脱欧”、拒绝和工党组建联合政府的自由民主党分流了工党在“留欧”阵营中的选票。

值得注意的是，工党和自由民主党相加的大选得票率和保守党持平，意味着保守党争取到“脱欧派”的支持却疏远了“留欧派”的民众，社会撕裂仍然明显。面对执政党的议席多数优势，反对党制衡政府的能力明显减弱。工党领袖科尔宾和自由民主党领袖乔·斯文森（Jo Swinson）宣布辞职，两党均进入重选领袖、重新调整的阶段。

（二）工党身份定位和社会基础的结构性问题

在经济危机、社会危机和“脱欧”公投叠加影响的背景下，在社会分化日益加快、利益诉求日益多元的后现代社会，各种利益关系错综复杂，各种利益诉求愈益强烈，各种利益群体相互博弈，对于政党发挥利益表达和利益整合的功能提出了更高的要求。从米利班德时期的温和左转到科尔宾时期的激进左转，工党始终未能解决工人阶级和中间阶层的代表性问题，社会基础的结构性问题全面暴露。

在移民议题方面，工人阶级和中间阶层持有完全不同的立场。工党富有国际主义和开放包容的传统，是欧洲一体化的支持者和推动者。经济全球化和欧洲一体化的深入发展，为人力、资本、商品和服务的跨国自由流动提供了极大的便捷，也给各地区、各行业和各阶层的群体带来了不同的影响。政府雇员、企业管理人员、专业技术人员等中间阶层群体的学历层次和技能水平相对较高，发展机遇和工作保障相对较好，更加容易接受多元文化主义和接纳外来人口。工人阶级则受到去工业化和外来人口的较大冲击，尤其是一部分长期失业者、低技能劳动者的被剥夺感比较强烈，更加倾向于文化保守主义，把外来人口视为就业机会、社会福利和民族文化的威胁，把秉持激进立场和主张排外政策的政党和政客视为自身利益的代表。工人阶级内部因职业和技能的差异而日益分化为工作环境、生活状况和工作稳定性存在明显差别的群体，增加了工党整合利益诉求和开展政治动员的难度。“工党在选举政治中的困境不仅体现了左翼政党及其意识形态在西方发达国家面临的传统产业工人数量下降的挑战，也进一步凸显出部分中下层民众在反全球化、民族主义思潮的影响下认同右翼政党的主张的趋势。”[①]

在核心诉求方面，工人阶级和中间阶层具有截然不同的倾向。全球化时代的中间阶层的工作方式、收入水平、消费习惯、社会态度与工人阶级、传统中间阶层存在显著区别。过去，社会民主党能够依靠自由、公正、团结互助等政治理念和调节税收、促进就业、改善福利等政策主张来整合社会基础不同群体的利益诉求。“在社会民主党从跨阶级联合向超阶级方向发展的同时，传统跨阶级联合的“共识政治”逐渐被打破。”[②] 基于物质主义和阶级政治的传统左右翼分野已经无法涵盖日趋多样化的选民诉求和日益异质性的社会基础。工党日益聚焦于性别平等、气候变化、少数群体权利等后物质主义议题，试图迎合中间阶层的偏好，争取环保主义者和社会自由主义者的支持，不利于把社会焦点和核心议题重新转移到自身更能赋予进步作用的社会经济维度，重新赢回工人选票。

进入 21 世纪尤其是国际金融危机以来，工党大量流失的传统选民大多具有学历层次不高、职业技能不强、经济来源不稳定的特点，属于受到经济全球化和欧洲一体化负面效应冲击较大的群体。工党的选票来源已从以英国工人阶级为代表的社会中下层转变为英格兰和威尔士大城市地区包括专业技术人员、社会自由主义者、少数族裔和青年群体在内的松散群体。工党的社会基础呈现城市化、年轻化、多元化和碎片化的态势，其投票行为由于年龄、地域、性别、种族、宗教信仰、受教育程度等非阶级政治因素而存在较大变动和差别。社会基础的多元诉求增添了利益整合和利益表达的复杂性，增加了工党整合与宣传政治纲领的难度。例如，工党倾向于对外开放、支持移民

① 王展鹏、夏添:《“脱欧”公投与英国国家身份变迁》，载《武汉大学学报（哲学社会科学版）》，2019 年第 1 期，第 195 页。

② 林德山:《世纪的沉浮：欧洲社会民主党思想政治演变的逻辑与问题》，载《当代世界与社会主义》，2020 年第 6 期，第 57 页。

的立场有助于争取城市工商业者的认可，却威胁了低技能低收入劳动者的利益；左翼色彩浓厚的经济政策深受青年选民的欢迎，却引发了工商业者的恐惧。在英国民众对现实状况表示不满、对政治精英存在逆反心理的背景下，科尔宾时期工党选择强化左翼政党标识并向民粹主义靠拢，依然无法巩固社会中下层选民的支持，遏制传统选区和核心选民的流失，回应政党传统和社会现实、政治纲领和选民诉求之间的张力，化解政治理念和选举政治、政党利益和选民利益之间的悖论，最终如同富特时期一样遭遇大选惨败。

当前，工党摆脱选举颓势难以依靠政策主张的局部调整，亟须重新构建广泛而稳定的社会基础，明确身份定位解决“代表谁”的问题。在竞争性和周期性选举体制中，政党和选民的关系是双向互动的，存在一定的滞后性。在“新工党”转型之初，工党主动转向中间路线和中间阶层，仍能获得工人阶级的多数支持。在国际金融危机爆发、“第三条道路”不再流行之后，工党转型的负面效应逐步显现。尽管米利班德时期和科尔宾时期工党重拾左翼标识、重申左翼价值，但是工人阶级不断转投其他政党或者选择缺席投票。在“新工党”之后，工党的身份定位依然摇摆不定。社会民主党究竟是应该继续20世纪90年代以来的中间路线，还是重新建立中间阶级与传统工人阶级的联盟，或是如一些党所显示的退回二战后的传统，这些直接关系到党的组织战略的定位。从目前形势来看，许多政党依然陷于混乱之中。[①]

工党社会基础的重心已经转向规模庞大、构成复杂的中间阶层，但工人阶级依然是不可或缺的重要组成部分，其内涵和外延随着经济社会发展而发生变化。低技能服务人员和办公室人员也被归为新工人阶级的范畴。[②] 以2019年的数据为例，在去工业化比较严重的英国，批发零售贸易、运输、餐饮服务从业人员占就业人口的26.3%，公共行政、国防、教育、健康和社会

① 林德山：《世纪的沉浮：欧洲社会民主党思想政治演变的逻辑与问题》，载《当代世界与社会主义》，2020年第6期，第58页。

② Jane Gingrich，“A New Progressive Coalition? The European Left in a Time of Change”，*The Political Quarterly*，Vol.88，No.1，2017，pp.42-43.

工作行业人员占就业人口24.7%，工业从业者占8.9%，建筑业从业者占7.2%。[①] 传统产业工人的规模不如战后社会民主党兴盛时期，第二产业和第三产业劳动者的人数和影响却不容忽视。例如，处于执政地位的瑞典社会民主党、丹麦社会民主党和西班牙社会工人党依然倚重第二产业和第三产业劳动者的支持。[②]

更深层次的因素在于，工党形成于阶级界限清晰、阶级对立鲜明的时代，所代表的工人阶级在劳资关系中处于弱势。工党长期秉持左翼进步价值，关注、依靠和维护社会中下层的利益诉求，被视为社会改革的推动者和社会公正的捍卫者。进入全球化和信息化时代，劳资矛盾并未消失，收入不平等和财富不均衡的趋势依旧延续，甚至出现实际工资水平持续负增长、中产阶级规模萎缩，家庭债务加剧的问题。欧洲多重危机背景下激进左翼政党和民粹主义的迅速崛起，表明社会公正理念仍需政治捍卫者、社会中下层仍需政治代言人，但社会民主党不再是唯一选择。从20世纪90年代到21世纪头十年，工党在低学历群体的选票占比从52.8%降至29.3%。在收入最低的20%选民中，工党曾经获得该群体60.9%的选票，到了21世纪头十年则是39.3%。[③] 因此，工党选择中间路线而获得的短暂选举红利早已耗尽，放弃工人阶级、疏远社会中下层将不断背离自身的政治理念和社会基础，进一步失去自身的政治特质和政治优势，造成政党分裂、党员退党和选票流失。在自身持续转型和欧洲多重危机的叠加影响下，工党社会基础的结构性问题日趋突出。进入21世纪第三个十年，工党根据社情民意和政治生态的新动向，找回政治空间和政治维度的准确定位，提出整合进步力量的方案，发挥政党引领社会的作用，强化政党与社会之间的良性互动，才能有效化解社会基础危机，回应政党竞争挑战。

---

① Eurostat，“Employment by A*10 Industry Breakdowns”，https://ec.europa.eu/eurostat/web/products-eurostat-news/-/DDN-20171024-1.

② Achim Hildebrandt and Sebastian Jäckle，“The Shifting Class-Base of Social Democratic Parties in Western Europe”，*European Politics and Society*，2021.

③ Rob Manwaring，*The Politics of Social Democracy Issues*，*Dilemmas and Future Directions for the Centre-Left*，London: Routledge，2021，p.165.

结　语

英国工党作为英国政坛的传统大党和欧洲左翼的百年老党，十年内连续四场大选失利，得票率和议席数跌至二战后的最低值，折射出欧洲社会民主党的现实困境，其深层次原因和结构性问题亟需认真分析。

把工党在野十余年历程置于百年历史之中，左翼立场鲜明的工党领袖往往出现在国家和政党处于危机与变革的历史节点，如经济大萧条之后的兰斯伯里到经济滞涨出现之后的富特再到国际金融危机之后的科尔宾。科尔宾时期工党侧重经济社会维度的激进调整，不完全符合主流政党政策转向的基本规律，却是工党内部左右翼交替主导的周期现象。在国内经济发展较好、难民危机冲击较小、右翼政党内耗较大的背景下，工党彻底放弃中间路线，经济社会政策向传统左翼大幅回调，但低估了“脱欧”议题对于英国民众的重要性，迟迟没有明确“脱欧”问题的解决方案，造成了大选惨败。随着经济全球化、欧洲一体化和社会信息化的快速发展，劳动和资本、社会和经济、政府和市场的传统平衡已被打破，工党驾驭资本负面效应和维护核心选民利益的政治理念和政策主张亟需更新换代。在科尔宾之后，温和立场的斯塔默继任工党领袖，不难令人回想起 20 世纪 80 年代初工党激进左转遭遇沉重打击之后进入了金诺克的务实调整阶段。

从组织架构和选举动员来看，工党在适应社会变迁和选举政治的过程中持续转型，不仅发生了从左翼阶级党向中间立场人民党的右移，还出现了从群众党向卡特尔党、媒体党和精英党的上移，逐渐疏远普通党员、工会组织和社会运动，日益依靠国家财政、大众媒体和政治精英，从而造成政党和社会基础之间的断裂。这不仅削弱了工党作为传统左翼政党赖以生存和发展的组织优势，而且弱化了工党回应民众诉求、设置政治议程和引领社会进步的政治功能，使其面对危机时期重新出现的社会抗议运动、蓬勃兴起的互联网政治和灵活多变的新兴政党显得无所适从。工党得益于英国独特的政治制度和政治文化，才避免了欧洲大陆部分社会民主党的迅速溃败。但是，工党相继失去了苏格兰、英格兰中北部等优势选区，其支持者过度集中在以大伦敦地区为代表的大城市和富有社会自由主义倾向的群体，短期内扭转政党竞争的不利态势具有很大的难度。即使工党利用保守党的重大失误或者政党轮替的“钟摆效应”重新上台，也不意味着自身社会基础结构性问题得到根本解决。

在欧洲多重危机叠加影响和新自由主义弊病凸显的背景下，工党没能抓住彰显自身价值、扩大政治影响、推动社会变革、维护社会公正的发展机遇，反而陷入了理念、组织和选举的全面困境。20 世纪 70 年代末至 90 年代初，工党曾经连续四次大选失利，但总体呈现自身持续改革、选举稳步提升、内耗逐渐减小的态势，如今的工党经过四次败选之后迷失变革方向、屡创得票新低、纷争此起彼伏。高票当选新任党魁的斯塔默既没有金诺克的政治历练和政治智慧，又欠缺布莱尔的政治魄力和个人魅力，至今没有展现带领工党解决问题和摆脱困境的足够能力。工党作为拥有深厚基础和变革底蕴的政党，仍不至于迅速走向衰退。与“新工党”之前的探索历程相似，工党未来的理论创新、制度改革和定位调整并非一日之功，不可避免会出现左翼和右翼、党内精英和普通党员、党内团体和外围组织之间的协商和博弈。在大变革的时代，如何提出有效的政治纲领，建立高效的组织体系，构建稳固的选民基础，实施精准的政治动员，将是工党变革的重要目标和巨大挑战。

参考文献

一、中文图书

1. 柴尚金. 政党与民主新论[M]. 北京：中国民主法制出版社，2018.

2. 陈露，张小劲.欧洲社会党组织转型研究：以英国工党法国社会党德国社会民主党为例[M]. 北京：中国政法大学出版社，2016.

3. 崔士鑫. 历史的风向标——英国政党宣言研究（1900—2005）[M]. 北京：北京大学出版社，2013.

4. 弗里德里希·艾伯特基金会编. 社会民主主义的未来[M]. 夏庆宗，译. 重庆：重庆出版社，2014.

5. 葛丽. 当代欧洲社会民主党的组织变革[M]. 济南：山东大学出版社，2016.

6. 胡昌宇. 英国新工党政府经济与社会政策研究[M]. 合肥：中国科学技术大学出版社，2008.

7. 郇庆治. 当代欧洲政党政治：选举向度下的西欧社会民主党研究[M]. 济南：山东大学出版社，2007.

8. 焦凤梅. 挑战与应对：西欧社会民主主义变革论析[M]. 北京：中国社会出版社，2009.

9. 李冠杰. 危险的分权——新工党治下英国的权力下放进程（1997—2010）[M]. 上海：上海人民出版社，2014.

10. 李华锋，董金柱. 英国工党理论与实践专题研究[M]. 北京：人民出版社，2017.

11. 李华锋，李媛媛. 英国工党执政史论纲[M]. 北京：中国社会科学出版社，2014.

12. 李华锋. 英国工党与工会关系研究[M]. 北京：人民出版社，2009.

13. 李华锋. 英国工党政坛沉浮与主导思想的关系研究[M]. 北京：中国社会科学出版社，2013.

14. 李华锋. 英国工党主流思想的嬗变研究[M]. 北京：中国社会科学出版社，2021.

15. 李奇泽. 英国"脱欧"：进展与前景[M]. 北京：人民出版社，2017.

16. 李媛媛. 英国工党地方性组织嬗变研究[M]. 北京：中国社会科学出版社，2009.

17. 林建华， 李华锋，等. 冷战后新"第三条道路"的兴衰研究[M]. 北京：人民出版社，2011.

18. 林建华等. 冷战后欧盟诸国社会民主党政坛沉浮研究[M]. 北京：人民出版社，2010.

19. 刘成，马约生. 欧洲社会民主主义的缘起与演进[M]. 重庆：重庆出版社，2006.

20. 刘成. 理想与现实——英国工党与公有制[M]. 南京：江苏人民出版社，2003.

21. 刘成. 英国现代转型与工党重铸[M]. 北京：生活·读书·新知三联书店，2013.

22. 刘玉安，蒋锐等. 从民主社会主义到社会民主主义——当代欧洲社会民主党的理论与实践[M]. 北京：人民出版社，2010.

23. 刘玉安. 告别福利国家？九十年代以来西欧社会民主党社会政策改革研究[M]. 济南：山东人民出版社，2015.

24. 吕楠主编. 世界主要政党规章制度文献：英国[M]. 北京：中央编译出版社，2015.

25. 马丁·鲍威尔. 新工党，新福利国家？英国社会政策中"第三条道路"[M]. 林德山，等，译. 重庆：重庆出版社，2010.

26. 倪学德. 和平的社会革命：战后初期英国工党艾德礼政府的"民主社

会主义”改革研究[M]. 北京：中国社会科学出版社，2005.

27. 史志钦编著. 全球化与欧洲社会民主党的转型[M]. 北京：中央编译出版社，2007.

28. 孙洁. 英国的政党政治与福利制度[M]. 北京：商务印书馆，2008.

29. 谭鹏. 西欧社会民主党执政管理经验与启示[M]. 北京：九州出版社，2018.

30. 托马斯・迈尔. 社会民主主义的转型：走向21世纪的社会民主党[M]. 殷叙彝，译. 北京：北京大学出版社，2001.

31. 托尼・布莱尔. 新英国：我对一个年轻国家的展望[M]. 曹振寰，等，译. 北京：世界知识出版社，1998.

32. 王韶兴. 政党政治论[M]. 济南：山东人民出版社，2011.

33. 王世恒. 西方左翼政党民生理论的批判及启示[M]. 北京：中国社会科学出版社，2021.

34. 王展鹏主编. 英国发展报告（2014—2015）[M]. 北京：社会科学文献出版社，2015.

35. 王展鹏主编. 英国发展报告（2015—2016）[M]. 北京：社会科学文献出版社，2016.

36. 王展鹏主编. 英国发展报告（2016—2017）[M]. 北京：社会科学文献出版社，2017.

37. 王展鹏主编. 英国发展报告（2017—2018）[M]. 北京：社会科学文献出版社，2018.

38. 王展鹏主编. 英国发展报告（2018—2019）[M]. 北京：社会科学文献出版社，2019.

39. 王展鹏主编. 英国发展报告（2019—2020）[M]. 北京：社会科学文献出版社，2020.

40. 沃尔夫冈・麦克尔，等. 社会民主党的改革能力：西欧六国社会民主党执政政策比较[M]. 童建挺，译. 重庆：重庆出版社，2009.

41. 夏庆宇. 欧洲左翼政党发展研究[M]. 上海：上海人民出版社，2020.

42. 谢峰. 西方政党党内民主研究[M]. 广州：广东人民出版社，2013.

43. 谢峰. 政治演进与制度变迁：英国政党与政党制度研究[M]. 北京：北京大学出版社，2013.

44. 张丽琴. 欧洲集体谈判研究——以英、德、瑞为例[M]. 北京：中国政法大学出版社，2016.

45. 张世鹏. 西欧社会民主主义政党指导思想的历史演变[M]. 济南：山东人民出版社，2014.

46. 张有军. 西欧社会民主党执政理论与实践研究[M]. 北京：中国社会科学出版社，2016.

47. 张志洲. 英国工党社会主义意识形态变迁研究[M]. 北京：社会科学文献出版社，2011.

48. 周淑真. 政党政治学[M]. 北京：人民出版社，2011.

二、中文论文

1. 陈文，梁玉柱. 从“选举民主”到“协商民主”：英国工党的改革经验与启示[J]. 党政研究，2016（1）: 69–76.

2. 陈晔，魏鹤鸣. 英国工党向何处去?[J]. 当代世界社会主义问题，2020（1）: 109–119.

3. 郭枭. “脱欧”进程中英国主要政党的博弈与前景[J]. 当代世界，2019（9）: 30–36.

4. 孔新峰，何婧祎. 从2019年大选看英国政治的制度韧性[J]. 当代世界社会主义问题，2020（1）: 100–108.

5. 来庆立. 革新将从“新工党”和“蓝色工党”的结合开始——英国工党对未来的政治理念和实践走向展开讨论[J]. 当代世界与社会主义，2012（5）: 70–75.

6. 李宏. 民粹主义与英国工党[J]. 当代世界社会主义问题，2017（1）: 80–83.

7. 李华锋. 科尔宾时期英国工党的治理主张评析——基于2017年和2019年工党大选纲领的考察[J]. 广西社会科学，2021（10）: 102–109.

8. 李济时，韩荣卿. 当前英国的选举制度改革：根由、进程与争议[J]. 当代世界与社会主义，2018（5）: 127–133.

9. 李靖堃. “脱欧”、身份政治与英国政党政治格局的未来走向[J]. 当代世界，2020（2）: 48–54.

10. 李靖堃. 从英国“脱欧”透视欧洲的社会与政治分裂[J]. 人民论坛·学术前沿，2019（9）: 75–83.

11. 李靖堃. 英国政党政治的演变与重构：以“脱欧”为背景[J]. 欧洲研究，2019（4）: 26–48，5–6.

12. 李媛媛. 布莱尔时期英国工党基层组织建设的经验及启示[J]. 理论月刊，2009（10）: 145–148.

13. 林德山，冯琰. 英国工党的新困境：思想、组织与政策问题[J]. 党政研究，2021（2）: 29–35.

14. 林德山. 英国退欧公投的政治影响[J]. 欧洲研究，2016（4）: 9–17.

15. 刘成. 公有制与英国工党[J]. 历史教学（下半月刊），2014（10）: 21–25.

16. 刘成. 论英国工党的更替性经济战略[J]. 世界历史，2008（5）: 64–74.

17. 刘红凛. 当代英国政党治理模式变迁——从“政党自治”到“法律择要规范”[J]. 政治学研究，2017（4）: 95–105，128.

18. 刘玉安，蒋弘. 英国工党为什么四连败？[J]. 当代世界社会主义问题，2020（1）: 92–99.

19. 刘玉安，玄理. 英国工党何时东山再起？[J]. 当代世界社会主义问题，2017（3）: 93–103.

20. 罗星，白平浩. 对“制度替代的坚持”——英国工党左翼社会主义观评析[J]. 科学社会主义，2017（3）: 143–147，101.

21. 罗星. 社会民主主义的危机——以英国工党为例[J]. 理论月刊，2018（8）: 100–107.

22. 吕磊，陈晓律. 当代西方福利国家的危机——以英国为例[J]. 南京大学学报（哲学·人文科学·社会科学版），2011（6）: 18–28，155.

23. 吕楠. 新时期英国工党执政经验教训及启示[J]. 当代世界与社会主义，2012（2）: 29–34.

24. 苗瑞丹. “脱欧时代”英国政党政治的演变趋势、深层动因与现实挑战[J]. 当代世界与社会主义，2020（4）: 124–130.

25. 钱乘旦. 评布莱尔执政[J]. 北京大学学报（哲学社会科学版），2018（3）: 124–132.

26. 沈丹. 后第三条道路时代的英国工党[J]. 科学社会主义，2011（4）: 142–145.

27. 宋雄伟. 政治决断力·政治制衡性·政治现代化——从新工党大选失利分析英国的选举政治[J]. 浙江学刊，2011（6）: 113–116.

28. 田德文. 2010年英国大选与政治走势[J]. 中国党政干部论坛，2010（6）: 47–49.

29. 王继停，杨柳. 当前英国工党与工会关系的重构及其影响[J]. 当代世界与社会主义，2015（4）: 124–129.

30. 王建峰. 20世纪末以来英国工党转型及其影响[J]. 兰州大学学报（社会科学版），2014（6）: 114–122.

31. 王明进. 英国两大政党在欧洲问题上的内部纷争[J]. 人民论坛，2018（17）: 30–32.

32. 王明进. 英国“脱欧”进程不确定性的消极影响[J]. 人民论坛·学术前沿，2019（6）: 32–41.

33. 王展鹏，夏添. “脱欧”公投与英国国家身份变迁[J]. 武汉大学学报（哲学社会科学版），2019（1）: 187–200.

34. 王展鹏. 从米利班德到卡梅伦的“全民国家政党”[J]. 欧洲研究，2015（4）: 7–12.

35. 魏磊. 当代英国工党执政方式对英国政党政治的影响与启示[J]. 中国浦东干部学院学报，2008（4）: 23–30.

36. 肖伊宁. 英国工党的社会福利观念与政策变化[J]. 当代世界与社会主义，2019（5）: 154–163.

37. 谢峰. 英国工党领袖选举制度演变研究[J]. 当代世界与社会主义，2013（1）: 94–98.

38. 阎照祥. 20世纪中后期英国工党左翼发展脉络[J]. 历史教学（下半月刊），2018（4）: 3–11，25.

39. 阎照祥. 略论20世纪中后期英国工党修正主义[J]. 史学月刊，2019（1）: 66–82，129.

40. 杨晓华. 英国新“共识政治”出现的历史根源和直接动因[J]. 晋阳学刊，2018（2）: 103–110.

41. 杨阳，金淑霞. 后科尔宾时期英国工党的组织危机及其走向[J]. 当代世界社会主义问题，2020（4）: 121–131.

42. 叶国玲. 英国政党政治新变化背后的思潮和理念因素[J]. 欧洲研究，2015（4）: 3–7.

43. 张君. 择优取向、代表功能与议员候选人遴选——以英国保守党和工党为例[J]. 当代世界与社会主义，2019（3）: 151–157.

44. 赵旭. 英国左派的崛起及其面临的挑战——浅析科尔宾的从政历程和抉择[J]. 当代世界，2015（12）: 81–83.

45. 郑海祥. 从2019年大选看英国政党政治新变化与英国工党的现实困境[J]. 当代世界与社会主义，2020（3）: 144–150.

46. 郑海祥. 英国工党内部左右翼斗争内涵探析[J]. 中共党史研究，2018（5）: 115–124.

三、英文图书

1. WILLIAMSON A. Europe and the decline of social democracy in Britain: from Attlee to Brexit[M]. Woodbridge: Boydell and Brewer，2019.

2. THORPE A. A history of the British Labour Party[M]. London: Palgrave Macmillan，2015.

3. LAVELLE A. The death of social democracy political consequences in the 21st century[M]. London: Routledge，2008.

4. BRIVATI B，HEFFERNAN R，eds. The Labour Party: a centenary history[M]. London: Palgrave Macmillan，2000.

5. MATTINSON D. Beyond the red wall: why Labour lost，how the Conservatives won and what will happen next?[M]. London: Biteback，2020.

6. GOES E. The Labour Party under Ed Miliband: trying but failing to renew social democracy[M]. Manchester: Manchester University Press，2016.

7. BLAKELEY G. Futures of Socialism: the pandemic and the Post-Corbyn Era[M]. London: Verso，2020.

8. PELLING H，REID A J. A short history of the Labour Party[M]. London: Palgrave Macmillan，1996.

9. SLOAM J，HENN M. Youthquake 2017 the rise of young cosmopolitans in Britain[M]. London: Palgrave Macmillan，2019.

10. DIAMOND P. The British Labour Party in opposition and power 1979-2019: forward March Halted?[M]. London: Routledge，2021.

11. HANNAH S. A Party with Socialists in it a history of the Labour Left[M]. London: Pluto Press，2018.

12. HEPPELL T，THEAKSTON K，eds. How Labour Governments fall: from Ramsay MacDonald to Gordon Brown[M]. London: Palgrave Macmillan,2013.

13. BALE T. Five year mission the Labour Party under Ed Miliband[M]. Oxford: Oxford University Press，2015.

四、英文论文

1. CRINES A，et al. The British Labour Party and leadership election mandate（s）of Jeremy Corbyn: patterns of opinion and opposition within the parliamentary Labour Party[J]. Journal of elections，public opinion and parties，2017，28（3）: 361–379.

2. MAIGUASHCA B，DEAN J. “Lovely people but utterly deluded”？British political science’s trouble with Corbynism[J]. British politics，2020，15（1）: 48–68.

3. MASSEY C. A new era? Keir Starmer’s labour leadership[J]. Political insight，2020，11（4）: 4–7.

4. MASSEY C. The changing of the praetorian guard? The size，structure and composition of the Labour Party’s national executive committee and the enduring importance of Labour’s trade unions[J]. The political quarterly，2021，92（2）: 343–351.

5. CORRY D. What can we learn from the first major statement of Labour’s economic policy under Keir Starmer?[J]. The political quarterly，2021，92（1）: 113–118.

6. SAGE D. The quiet revolution? The Labour Party and welfare conditionality[J]. The political quarterly，2019，90（1）: 99–106.

7. WEARING D. Corbyn would confront Attlee’s dark legacy[J]. New statesman，2017，146（5381）: 17.

8. BATROUNI D. One nation，disconnected Party: The evocation of one nation aimed to unite the nation，instead it highlighted the Labour Party’s divisions[J]. British politics，2017，12（3）: 432–448.

9. GOES E. The Labour Party under Keir Starmer: “Thanks，but no ‘isms’

please!" [J]. The political quarterly, 2021, 92（2）: 176–183.

10. PEMBERTON H, WICKHAM–JONES M. Brothers all? The operation of the electoral college in the 2010 Labour leadership contest[J]. Parliamentary affairs, 2013, 66（4）: 708–731.

11. HERTNER I. Is it always up to the leadership? European policy–making in the Labour Party, Parti Socialiste (PS) and Sozialdemokratische Partei Deutschlands (SPD) [J]. Party politics, 2015, 21（3）: 470–480.

12. WATTS J, BALE T. Populism as an intra–Party phenomenon: The British Labour Party under Jeremy Corbyn[J]. The British journal of politics and international relations, 2019, 21（1）: 99–115.

13. DENNIS, J. A Party within a Party posing as a movement? Momentum as a movement faction[J]. Journal of information technology and politics, 2020, 17（2）: 97–113.

14. SLOAM J, et al. "Youthquake" : how and why young people reshaped the political landscape in 2017[J]. Political insight, 2018, 9（1）: 4–8.

15. SCHULMAN J. Next Labour? Changes in British Union–Labour Party relations since the election of Tony Blair[J]. Employee responsibilities and rights journal, 2019, 31（2）: 115–130.

16. SCHERLING J. Pragmatics of power: on the intricacies of metadiscourse in the Labour leadership debates 2015 and 2016[J]. Arbeiten aus anglistik und amerikanistik, 2017, 42（2）: 281–300.

17. DENHAM J, DEVINE D. England, Englishness and the Labour Party[J]. The political quarterly, 2018, 89（4）: 621–630.

18. GAFFNEY J, LAHEL A. Political performance and leadership persona: the UK Labour Party Conference of 2012[J]. Government and opposition, 2013, 48（4）: 481–505.

19. MELLON J et al. Brexit or Corbyn? Campaign and inter–election vote switching in the 2017 UK general election[J]. Parliamentary affairs, 2018, 71(4):

719–737.

20. RUTHERFORD J, GLASMAN M. What is Blue Labour?[J]. British politics, 2020, 15（1）: 110–119.

21. ATKINS J. Narrating one nation: the ideology and rhetoric of the Miliband Labour Party[J]. Politics, 2015, 35（1）: 19–31.

22. ALDERMAN K, CARTER N. The Labour Party leadership and deputy leadership elections of 1992[J]. Parliamentary affairs, 1993, 46（1）: 49–65.

23. ALDERMAN K, CARTER N. The Labour Party leadership and deputy leadership elections of 1994[J]. Parliamentary affairs, 1995, 48（3）: 438–455.

24. BASSETT L. Corbynism: social democracy in a new left garb[J]. The political quarterly, 2019, 90（4）: 777–784.

25. BYRNE L. How Jeremy Corbyn brought Labour back to the future: visions of the future and concrete utopia in Labour's 2017 electoral campaign[J]. British politics, 2019, 14（3）: 250–268.

26. BENNIE L, CLARK A. Labour Party adaptation to multilevel politics: evidence from British general election manifestos[J]. British politics, 2020, 15（4）: 411–432.

27. HAYHURST M. "Who were those people?": the Labour Party and the invisibility of the working class[J]. The political quarterly, 2020, 91（1）: 141–147.

28. BEECH M, HICKSON K. Blue or purple? Reflections on the future of the Labour Party[J]. Political studies review, 2014, 12（1）: 75–87.

29. BOLTON M, PITTS F. Corbynism and Blue Labour: post–liberalism and national populism in the British Labour Party[J]. British politics, 2020, 15（1）: 88–109.

30. RUSTIN M. How much was wrong with Corbynism?[J]. The political quarterly, 2020, 91（2）: 484–485.

31. DIAMOND P. Learning the lessons from defeat: The Labour Party's

Beckett report and the alternatives[J]. The political quarterly, 2016, 87（3）: 431–436.

32. ENGLISH P, et al. Convergence on crisis? Comparing Labour and Conservative Party framing of the economic crisis in Britain, 2008–14[J]. Politics and policy, 2016, 44（3）: 577–603.

33. SEYD P. Corbyn's Labour Party: managing the membership surge[J]. British politics, 2020, 15（1）: 1–24.

34. WHITELEY P, et al. Oh Jeremy Corbyn! Why did Labour Party membership soar after the 2015 general election?[J]. The British journal of politics and international, 2019, 21（1）: 80–98.

35. SURRIDGE P. A mountain to climb: the Labour together 2019 election review[J]. The political quarterly, 2020, 91（3）: 659–663.

36. ALLEN P. Political science, punditry, and the Corbyn problem[J]. British politics, 2020, 15（1）: 69–87.

37. DOREY P, DENHAM A. "O, brother, where art thou?" The Labour Party leadership election of 2010[J]. British politics, 2011, 6（3）: 286–316.

38. DOREY P, DENHAM A. "The longest suicide vote in history": the Labour Party leadership election of 2015[J]. British politics, 2016, 11（3）: 259–282.

39. DOREY P. Jeremy Corbyn confounds his critics: explaining the Labour Party's remarkable resurgence in the 2017 election[J]. British politics, 2017, 12（3）: 308–334.

40. KELLNER P. Public opinion and the depth of Labour's crisis[J]. The political quarterly, 2017, 88（1）: 20–29.

41. CARTLEDGE P B. The problems of starmerism[J]. The political quarterly, 2021, 92（2）: 193–201.

42. JOBSON R. A new hope for an old Britain? Nostalgia and the British Labour Party's alternative economic strategy, 1970–1983[J]. Journal of policy

history, 2015, 27（4）: 670–694.

43. JOBSON R, WICKHAM–JONES M. Reinventing the block vote? Trade unions and the 2010 Labour Party leadership election[J]. British politics, 2011, 6（3）: 317–344.

44. MANWARING R, SMITH E. Corbyn, British Labour and policy change[J]. British politics, 2020, 15（1）: 25–47.

45. SURRIDGE P. A mountain to climb: the Labour together 2019 election review[J]. The political quarterly, 2020, 91（3）: 659–663.

46. PAGE S. Jeremy Corbyn and the war machine: assemblage and affect in the 2015 UK Labour Party leadership contest[J]. Environment and planning C: politics and space, 2021, 39（7）: 1319–1337.

47. DYSON S. Gordon Brown, Alistair Darling, and the great financial crisis: leadership traits and policy responses[J]. British politics, 2018, 13（2）: 121–145.

48. QUINN T. Electing the leader: The British Labour Partys electoral college[J]. British journal of politics and international relations, 2004, 6（3）: 333–352.

49. QUINN T. From the wembley conference to the “McDonnell Amendment”: Labour’s leadership nomination rules[J]. The political quarterly, 2018, 89（3）: 474–481.

50. QUINN T. The British Labour Party’s leadership election of 2015[J]. The British journal of politics and international relations, 2016, 18（4）: 759–778.

51. TRAVERS T. A Labour city? The London mayoral and assembly elections[J]. The political quarterly, 2021, 92（3）: 486–492.

后　记

国外政党数量众多，类型庞杂。选择英国工党作为研究对象，颇有渊源。本科时期，只是把“新工党”当成了教材的概念。硕士期间的课程对于第二国际和社会民主主义有所涉及。博士论文所探讨的哈罗德·拉斯基则是20世纪上半叶英国工党名噪一时的理论家。工作之后，有一段时间没太注意国外政党和社会思潮的动向。直至看到“科尔宾现象”和“脱欧”公投的相关报道，才机缘巧合重新关注英国政局和工党现状。

近几年的研究集中于英国工党、英国政党政治和欧洲社会民主党的新变化，形成了一些初步成果。有幸获得机会前往伦敦访学一年，在新冠肺炎疫情和“脱欧”的特殊背景之下，近距离观察英国社会和了解英国政治，尝试从左翼政党和历史演变的视角来看待英国工党的相关问题。在此基础上，完成了本书的写作工作。这本专著也是国家社科基金一般项目“当代欧洲左翼政党对资本主义的批判研究”（21BKS069）的阶段性成果。

在本书写作、海外访学和日常工作的过程中，得到了不少领导、师长、同事、同行、学生的关心帮助。感谢中国政法大学，感谢马克思主义学院，感谢北京高校中国特色社会主义理论研究协同创新中心，提供了宝贵的学习机会和良好的工作环境。常年漂泊，陪伴甚少，疫情期间出外访学历练增添了家人的担忧，感谢家人的理解。当代世界出版社的大力支持，尤其是一编辑部主任刘娟娟和编辑魏银萍的专业工作和辛勤付出，为本书的顺利出版提供了重要保障。

英国工党作为大变革时代的百年老党，可以衍生出众多研究话题。限于阅历、能力、资料和篇幅，本书未能涵盖英国工党的方方面面。愿这本书的出版能够抛砖引玉，有助于英国工党乃至国外政党的相关研究。

2022 年 2 月

于中国政法大学综合科研楼

图书在版编目（CIP）数据

变革中的英国工党：理念、组织与运动 / 吴韵曦著
. -- 北京：当代世界出版社，2022.6
ISBN 978-7-5090-1643-5

Ⅰ. ①变… Ⅱ. ①吴… Ⅲ. ①英国工党—研究 Ⅳ.
① D756.164

中国版本图书馆 CIP 数据核字 (2022) 第 050255 号

书　　名：变革中的英国工党：理念、组织与运动
出 品 人：丁　云
策划编辑：刘娟娟
责任编辑：魏银萍　田艳霞
封面设计：王昕晔
出版发行：当代世界出版社
地　　址：北京市地安门东大街 70-9 号
邮　　编：100009
邮　　箱：ddsjchubanshe@163.com
编务电话：（010）83907528
发行电话：（010）83908410（传真）
　　　　　13601274970
　　　　　18611107149
　　　　　13810736023
经　　销：新华书店
印　　刷：北京新华印刷有限公司
开　　本：710 毫米 ×1000 毫米　1/16
印　　张：13
字　　数：193 千字
版　　次：2022 年 6 月第 1 版
印　　次：2022 年 6 月第 1 次
书　　号：ISBN 978-7-5090-1643-5
定　　价：69.00 元
